추천사

책을 한 권 쓰고 나니 이제야 인생의 한마디를 지은 것 같습니다. 책쓰기는 허겁지겁 살아온 인생을 정리하는 시간입니다. 책쓰기 좋은 시간인 마흔을 훌쩍 넘겼더라도 이제부터 책쓰기가 곧 삶이 되는 시간을 살기에 나이는 중요하지 않습니다. 부아c님과 함께 독자가 편하게 읽을 수 있는 글, 쓰고 있는 당사자도 편하게 쓸 수 있는 책쓰기로 인생의 한마디를 제대로 지어 보세요.

_ 유지윤 『경력이 없지 경험이 없나』 저자

인생에 대해 다시 고민하기 시작하는 나이 마흔. 작가는 매일 글을 쓰며 주체적으로 제2의 인생을 개척할 수 있음을 본인이 경험한 과정들을 통해 알려 줍니다. 트렌드에 휩쓸려 가는 저를 비롯한 현대인들에게 매일 블로그와 SNS를 통해 긍정의 에너지를 쉬운 언어로 전파하고 있는 부아c님. 그의 꾸준한 글쓰기 실천에 뜻을 같이하는 사람들이 매일 글쓰기에 동참하고 소통하며 좋은 사람으로 함께 발전하고 있습니다.

_ 경현정 『음악, 위로와 치유』 저자

목차를 보는데 '역시 부아c 작가님이다!'라는 말이 절로 나옵니다. 글쓰기에 대한 동기 부여는 물론이고 책 한 권에 이론과 실전이 모두 담겨 있습니다. 알찬 구성으로 글쓰기에 관심 있는 분들에게 든든한 길잡이가 되어 줄 것입니다. 이 책 덕분에 글쓰기를 시작하는 사람이 많아질 것 같습니다. 읽고 쓰는 삶을 전하는 작가로서 저자의 글쓰기 책이 누구보다 반갑습니다.

_ 김은정 『그럼에도 행복한 이유』 저자

글쓰기, 나아가 책쓰기는 인공 지능과 100세 시대에 맞서 개인이 끝까지 살아남을 수 있는 강력한 무기입니다. 이 책은 글쓰기와 책쓰기에 관한 저자의 노하우와 정수가 녹아 있습니다. 평소 저자의 글을 통해 많은 영감을 받은 한 사람으로서, 이 책을 많은 독자가 읽기를 바랍니다.

_박근필(글쓰는수의사 투더문) 『할퀴고 물려도 나는 수의사니까』 저자

2년 전 우연히 부아c의 책 『부의 통찰』을 읽고 영감을 받아 글쓰기를 시작했으며 올해 운명처럼 종이책을 출간할 수 있었습니다. 과거에는 솔직히 블로그 포스팅 하나에 2~3시간이 걸릴 만큼 어려웠지만 현재는 어렵지 않게 7개월째 1일 1포스팅을 해 오고 있습니다. 그것보다 글쓰기가 더 좋은 점은 부아c의 말처럼 글쓰기를 통해 나의 꿈을 선명하게 그릴 수 있다는 것입니다. 책을 출간하고 꾸준하게 글쓰기를 하고 싶은 분이라면 부아c의 따뜻하고 진솔한 이야기를 꼭 한번 들어 보길 권합니다.

_장혁철 『나만 알고 싶은 제주 부동산 투자 비법』 저자

글쓰기가 삶의 곳곳에 스며드는 시대를 살아가고 있습니다. 글쓰기를 하다 보면 출간이라는 꿈에 맞닿게 됩니다. 꿈이 현실이 되는 것은 출간을 경험하는 것입니다. 『마흔, 이제는 책을 쓸 시간』은 그 경험의 방법을 잘 서술했고 세세한 방법론적 접근을 잘 알려 주고 있습니다.

_최지훈(알파) 『위너노트』 저자

마흔, 이제는
책을 쓸 시간

마흔, 이제는
책을 쓸 시간

2024년 8월 28일 초판 1쇄 인쇄
2024년 9월 4일 초판 1쇄 발행

지은이 | 부아c
펴낸이 | 이종춘
펴낸곳 | ㈜첨단

주소 | 서울시 마포구 양화로 127 (서교동) 첨단빌딩 3층
전화 | 02-338-9151
팩스 | 02-338-9155
인터넷 홈페이지 | www.goldenowl.co.kr
출판등록 | 2000년 2월 15일 제 2000-000035호

본부장 | 홍종훈
책임편집 | 문다해
편집 | 한슬기
교정 | 김윤지
디자인 | 유어텍스트, 윤선미
전략마케팅 | 구본철, 차정욱, 오영일, 나진호, 강호묵
온라인 홍보마케팅 | 신수빈
제작 | 김유석
경영지원 | 이금선, 최미숙

ISBN 978-89-6030-635-6 03320

- **BM 황금부엉이**는 (주)첨단의 단행본 출판 브랜드입니다.

황금부엉이에서 출간하고 싶은 원고가 있으신가요? 생각해보신 책의 제목(가제), 내용에 대한 소개, 간단한 자기소개, 연락처를 book@goldenowl.co.kr 메일로 보내주세요. 집필하신 원고가 있다면 원고의 일부 또는 전체를 함께 보내주시면 더욱 좋습니다. 책의 집필이 아닌 기획안을 제안해주셔도 좋습니다. 보내주신 분이 저 자신이라는 마음으로 정성을 다해 검토하겠습니다.

삶이 글이 되고 글이 삶이 되는 순간, 인생이 변하기 시작한다

마흔, 이제는 책을 쓸 시간

인생의 전환점이 될 책쓰기 수업

부아c 지음

BM 황금부엉이

"일체의 글 가운데서 나는 피로 쓴 것만 사랑한다.
다른 사람의 피를 이해한다는 것은 쉬운 일이 아니다.
그래서 나는 게으름을 피워 가며 책을 뒤적거리는 자들을 미워한다."

— 니체

프롤로그

최근에 충격적인 기사를 보았습니다. 대한민국 평균 퇴직 나이가 49.1세라는 조사 결과입니다. 우리 부모님 세대의 평균 퇴직 나이는 60세에 가까웠을 것입니다. 하지만 지금 우리나라 현실은 직장인의 평균 퇴직 나이가 49세에 불과합니다. 또 이 수치는 앞으로 점점 내려갈 것입니다. 지금 사회생활을 시작하는 세대가 40대가 되면 평균 퇴직 나이는 45세, 혹은 그 이하로 내려갈지도 모릅니다.

반면에 젊은 세대가 사회생활을 시작하는 나이는 점점 늦어지고 있습니다. 17년 전, 필자는 28세에 처음으로 직장 생활을 시작했습니다. 그 당시 기준으로는 조금 늦은 편이었습니다. 하지만 지금은 직장 생활을 시작하는 평균 나이가 31세입니다. 치열한 경쟁, 좋은 직장의 부족, 상대적 비교의 심화, 스펙을 쌓아야 할 필요성 등으로 젊은 세대는 사회생활을 시작하는 나이를 점점 미룹니다.

대한민국 국민의 기대 수명 또한 점점 길어집니다. UN 발표에 따르면 대한민국 국민의 평균 수명은 몇 년 전에 이미 80세가 넘었습니다. 지금 태어나는 아이들을 기준으로 한다면 평균 수명은 80세 중반, 혹은 90세를 넘을지도 모릅니다.

이쯤 되면 걱정이 되기 시작합니다. 현재 평균적인 대한민국 국민은 31세에 사회생활을 시작하여 49세 이전에 퇴직하고 80세 이후에 사망합니다. 가족의 돌봄으로 생활을 유지할 수 있는 31년이 지나 본격적으로 자립할 수 있는 시기는 고작 18년, 이후 30년 이상의 시간을 우리는 직장 소득 없이 견뎌 내야 하는 것입니다. 이는 평균치일 뿐입니다. 경쟁력이 떨어지는 누군가는 30세가 훌쩍 넘는 나이에야 취업할 수 있을 것이고 40세가 조금 넘는 나이에 퇴직하게 될지도 모릅니다. 그렇다면 누군가는 10년 남짓한 직장 소득으로 평생을 살아야 할지도 모릅니다.

한마디로 직장 생활을 해서 개인이 생계를 이어 갈 수 있는 시기는 이미 지났다는 것입니다. 좋은 대학을 나와 좋은 직장을 다니며

30~40년을 일해 퇴직금을 받아서 평생을 사는 그런 시절은 이제 지났다는 말입니다. 우리는 이제 모든 개인이 각자의 삶을 직장 테두리 밖에서 책임져야 하는 그런 시대를 살고 있습니다.

이 책 제목은 『마흔, 이제는 책을 쓸 시간』입니다. 그렇습니다. 이 책은 마흔과 책이라는 두 가지 키워드를 담고 있습니다. 왜 마흔이고, 왜 책일까요? 지금 시대에 이 두 가지 키워드가 왜 중요할까요?

우선 '마흔'이라는 키워드를 살펴봅시다. 지금 시대의, 대한민국에서 마흔이란 과거와는 의미가 아주 다릅니다. 과거 마흔은 직장에서 중간 관리자로 자신의 자리를 다지고 직장 내에서 앞으로의 15년, 20년을 준비하는 그런 시기였습니다. 하지만 지금 마흔은 직장에서 몇 년 남지 않은 은퇴를 준비해야 하는 그런 시기입니다.

과거 마흔은 불혹으로 흔들리지 않는 삶의 시작이었습니다. 하지만 지금 마흔은 인생의 전반기를 마치고 후반기를 준비해야 하는 그런 시기입니다. 지금 마흔은 흔들릴 수밖에 없는, 아니 어쩌면 당연히 흔들려야 하는 그런 나이가 된 것입니다.

필자는 40세에 블로그에 글을 쓰기 시작했습니다. 특별히 40세가 되었기 때문에 글을 쓰기 시작한 것은 아니었습니다. 하지만

40세가 다가오면서 강하게 정체성에 혼란을 겪었고 직장에서는 위기감을 느꼈습니다. 이런 혼란과 위기감이 필자가 글을 쓰게 만들었지만, 오히려 이런 혼란과 위기감은 사실 축복이었습니다.

필자는 40세에 블로그에 글을 쓰기 시작했고, 42세에 처음 책을 출간했으며, 43세에는 회사를 그만두고 44세인 지금은 책을 쓰는 작가이자 각종 SNS 콘텐츠 크리에이터로서 살고 있습니다. 직장을 다닐 때보다 더 많은 돈을 벌고, 더 자유롭고, 훨씬 더 나다운 삶을 살고 있습니다. 직장 다닐 때보다 몇 배는 더 행복한 삶을 살아가고 있습니다.

이 모든 것이 40세에 새로운 삶을 설계했기 때문입니다. 이는 필자가 주체적으로 삶의 궤도를 바꾸었기 때문에 가능했습니다. 지금 필자는 언제 회사에서 잘릴까 걱정할 필요가 전혀 없습니다. 상사 눈치를 보면서 어떻게 하면 회사를 더 오래 다닐 수 있을까 걱정할 필요도 없습니다. 언제 어디서든 원할 때 내가 좋아하는 일을 하는 그런 자유로운 삶을 살아갑니다.

그런데 필자도 사실 약간 늦은 감이 있습니다. 이 책을 읽는 당신은 40세가 아니라 그 전부터 제2의 삶을 준비하길 권합니다. 당신이 이미 40세가 넘었다고 하더라도 아직 늦지 않았습니다. 직장은 내가 다니고 싶다고 계속 다닐 수 있는 곳이 아닙니다. 물론 임원이 되거나 오랜 기간 가늘고 길게 직장 생활을 할 수 있는 사람도 있을 것입니다. 하지만 그런 사람들은 전체 10%도 채 되지 않을 것입니다. 90%에 해당하는 대부분이 좋든 싫든 마흔 즈음에 이미 제2의 인생을 준비해야 하는 것입니다.

이 책의 두 번째 키워드는 '책'입니다. 책. 왜 책일까요?

필자 생각에 앞으로의 시대는 모든 개인이 자신의 책을 내고 모든 개인이 작가가 되는 그런 시대가 되지 않을까 싶습니다. 예를 들어 봅시다. 과거에는 작가란 신춘문예에 당선되거나 특정 대학의 특정 학과를 나온 사람들에게 주어지는 직업으로 여겼습니다. 하지만 오늘날은 온라인을 기반으로 한 작가들이 쏟아지고 있습니다. 블로그, 유튜브, 인스타그램 등에서 글쓰기 등을 통해 좋은 평판과 인지도를 얻은 사람들이 속속 작가로 책을 출간하고 있습니다. 이는 큰 시대적 변화를 의미하는 것입니다.

책의 형태도 그렇습니다. 과거에는 책이 아주 귀했습니다. 중세 유럽에서는 책값이 지금의 자동차 한 대 값에 맞먹을 정도로 비쌌다는 기록도 있습니다. 하지만 지금은 어떻습니까? 종이책은 흔한 정도를 넘어 이제 점점 경쟁력을 잃어 가며 오히려 전자책이 대세가 되고 있습니다. 한 달에 일정 금액만 내면 많은 전자책을 소장하거나 읽을 수 있는 구독 서비스도 생겼습니다. 그만큼 우리는 쉽게 책에 접근할 수 있고, 또 누구나 쉽게 책을 발행할 수 있게 되었습니다. 꼭 종이책이 아니라도 전자책을 발행할 수 있다는 것은 작가의 문을 크게 넓혀 놓았습니다.

책이 가진 의미도 변하고 있습니다. 과거에는 현실 세계만 의미가 있었습니다. 온라인이 존재하지 않던 시기를 말합니다. 지금은 오히려 온라인이 소통의 주된 통로가 되고 있습니다. 편지를 쓰지 않고 이메일을 주고받는 것이 당연한 일이 된지 이미 오래되었습니다. 직장인은 이제 사무실에서 직접 얼굴을 보고 미팅을 하지 않고 줌으로 미팅을 하기도 합니다. 대부분의 소통이 전화나 카톡, 인스타그램으로 충분히 가능한 시대가 되었습니다. 이런 시대에서 책이란 하나의 문학 작품이나 기록을 넘어 저자의 자기소개 수단이 되고 있기도 합니다. 명함에 적혀 있는 회사만 의미가 있던 과거를 지나 책 등의 저작물로 자신을 소개할 수 있는 그런 시대가 오고 있는 것입니다.

그래서 '마흔'과 '책'이라는 키워드는 이 시대의 핵심 키워드입니다. 직장 생활을 넘어 그 이상을 준비해야 하는 시대, 나라는 사람을 온라인으로 소개해야 되는 시대, 이런 시대에 필자는 당신이 마흔

즈음에는 책을 써야 한다고 생각합니다.

당신이 책을 쓴다는 것은 취업 시장이나 특정 회사가 아닌 세상에 이력서를 뿌리는 것과 같습니다. 회사가 아닌 세상에 자신을 던져 기회를 구하는 것과 같습니다. 실제로 책을 쓴 작가들은 강연, 취업, 협업 제안 등 예전에는 상상할 수 없었던 수많은 형태의 제안이나 기회를 얻습니다.

물론 이렇게 생각할지도 모르겠습니다.

'책? 무슨 책이야? 나는 책을 쓸 만한 능력이 없어. 책도 쓰는 사람이나 쓰지. 나는 글쓰기 능력이 없어. 나는 나눌 만한 경험이 없어. 나는 대단한 사람이 아니야.'

정말 그럴까요? 아닙니다. 전혀 그렇지 않습니다. 작가는 특별한 것이 아닙니다. 작가란 글을 쓰는 사람입니다. 특별하고 대단한 글을 쓰기 때문에 작가가 되는 것이 아니라 글을 쓰기 때문에 작가인 것입니다. 그러니 누구나 글을 쓰기 시작하면 작가가 될 수 있습니다. 누구나 계속 글을 쓰면 더 좋은 작가가 될 수 있습니다.

어떤 위대한 작가도 처음이 있었습니다. 세상에 이름이 알려진 어떤 작가들도 글을 모르던 시절이 있었고, 글을 잘 못 쓰던 시절이 있었고, 어설프게 초고를 쓰던 그런 시절이 있었습니다. 쓰고, 또 쓰고, 계속 썼기 때문에 오늘날 지금의 자리에 오른 것입니다.

그러니 지금 당장 글을 쓰기 시작합시다. 처음부터 책을 쓰기 힘들면 블로그나 X 등에 글을 쓰기 시작하세요. 실력도 높이고 나를 좋아하는 사람도 만듭니다. 그리고 나의 책을 쓰세요. 그렇게 세상에 나를 알리세요. 40세가 되었다면 이제는 그동안 살아온 내 삶을 돌아보고, 정리하고, 미래의 나를 준비하여 나라는 사람을 세상에 내어 놓아야 합니다. 그렇게 나를 정리하고, 준비하고, 세상에 알려야 합니다. 그렇게 세상에 나라는 이력서를 던져야 합니다.

그럼에도 두려움이 들지 모르겠습니다. 해 보지 않은 모든 것은 우리를 두렵게 하기 마련입니다. 그래서 다시 한 번 말합니다. 작가란 특별한 것이 아닙니다. 글을 쓰기 때문에 작가가 되는 것입니다. 능력이 있어 책을 쓰는 것이 아니라 책을 써서 능력이 생기는 것입니다. 글을 계속 쓰고, 책을 계속 내기 때문에 능력이 있는 작가가 되는 것입니다. 많은 사람이 그렇게 하고 있고, 필자도 그렇게 하고 있으며, 이제는 당신이 도전할 차례입니다.

니체는 이렇게 말했습니다.

"그 하룻밤, 그 책 한 권, 그 한 줄이 인생을 바꿀지도 모른다."

그러니 이 책을 끝까지 읽어 보세요. 느끼는 바가 있다면 꼭 작게라도 행동으로 옮겨 보세요. 이 책을 읽는 시간이 당신의 삶을 바꾸는 그런 특별한 경험이 되길 바랍니다. 이 책이 당신의 삶에 소중한 선물이 되었으면 좋겠습니다.

지금 이 순간에도 미래의 당신은 현재의 당신을 응원하고 있습니다.

차
례

{ 2장 | 전자책으로 시작하자 }

{ 3장 | 종이책을 출간하자 }

{ 4장 | 좋은 책은 어떻게 쓰는가 }

{ 5장 │ 책은 어떻게 알리는가 }

{ 6장 | 그들은 어떻게 작가가 되었나 }

I

나는 어떻게 작가가 되었나

나는 2022년 8월 『부의 통찰』을 출간하고, 2024년 2월 『부를 끌어당기는 글쓰기』를 출간했다. 그리고 2024년, 올해 두 번째 책을 쓰고 있다. 나는 블로그를 운영하고 글을 쓰면서 작가로서의 삶을 시작했는데, 이런 내 자신이 너무 좋다. 매일 행복하고 충족된 삶을 살고 있다.

1장에서는 내가 어떻게 작가가 되었고 이 과정에서 무엇을 느꼈으며, 앞으로 어떤 자세로 인생을 살고 싶은지 적으려고 한다. 그러면서 더불어 작가는 누구나 될 수 있고 작가가 되는 삶이 얼마나 행복한지도 말하고 싶다.

마흔까지의
나

스물일곱 살 여름, 나는 대학을 졸업하고 몇 번 도전한 끝에 원하는 회사에 취업했다. 그 회사는 당시 일하고 싶은 외국계 기업 순위 Top 5 안에 자주 드는 인정받던 곳이다. 합격 소식을 들었을 때, 나는 다시 부산으로 내려가시는 어머니를 배웅해 드리려고 서울역사에 앉아 있었다. 회사 인사부에서 온 합격 소식에 어머니를 부둥켜안고 기쁨의 눈물을 흘렸던 기억이 난다. 내 인생은 이제 탄탄대로일 것만 같았다.

회사에 출근하고 불과 며칠이 지났을까? 이 길이 내가 원하는 길인지 심각한 회의가 들기 시작했다. 나는 누구보다 성실하게 살았고 무언가를 할 때면 성실하게 하는 것이 습관이 되어 있었다. 그렇기에 같은 시간에 출근하고 다른 사람처럼 일을 하는 것은 당연했다. 하지만 사회 초년생으로 하나의 조직에 속하는 일은 쉽지 않았다. 무엇보다 즐거움이 없었다. 단지 돈을 벌려고 묵묵히 참으면서 일하는 것이 대부분의 직장인 삶이라는 것을 아는 데는 많은 시간이 필요하지 않았다.

그렇게 10년 이상을 일했다. 물론 내 길이 맞든 아니든 그것은 중요하지 않았다. 회사는 나에게 평균 이상의 돈을 주었고, 든든한 사회적 신분과 좋은 인맥을 선물해 주었다. 가족과 친구들은 나를 부러워했다. 대리가 되기 전에 좋은 차를 사고 괜찮은 지역에 전세를 구하고, 시간이 조금 더 지나서는 서울에 자가도 구매할 수 있었다.

하지만 '이렇게 사는 것이 맞을까?' 하는 의문은 주기적으로 나를 찾아왔다. 회사 일에 유독 지쳤을 때, 진급에서 누락되었을 때, 상무님께 질책을 받았을 때, 나를 헐뜯거나 배신하는 동료를 보았을 때 회사와 내 삶에 회의를 느꼈다. 하지만 25일이면 들어오는 월급과 때가 되면 올라가는 직급에 따른 내 신분을 보면서 그 회의는 다시 잦아들었다.

그러다 40세가 되자 그 여느 때보다 강한 회의가 들었다. 내가 좋아하던 선배가 타의로 회사를 그만둔 것이 계기였던 것 같기도 하다. 아니면 그동안 쌓인 의문과 회의가 무너져 수면 위로 올라왔는지도 모른다. 나는 이런 생각으로 잠을 못 이루기 시작했다. '회사 일이 즐겁지 않은데, 나에게는 맞지 않는 것이 아닐까?'

하지만 늘 이런 생각으로 힘든 나를 다독였던 것 같다. '대부분이 이렇게 산다. 내 인생이라고 특별할까?'

아침에 출근하려고 여의도에 가면 수백, 수천 명이 나처럼 걸어간다. 다들 표정이 좋지 않다. 무뚝뚝하고 약간은 화가 난 표정이다. 다들 아무 생각 없이 스마트폰을 쳐다보며 하루를 그저 시간의 흐름에 따른다. '나도 그냥 그저 그렇게 살면 돼. 나는 특별한 사람이 아니야. 이 회사를 다닐 수 있는 것만으로도 감사해야 해.'

하지만 40세가 되던 그해, 갑자기 이렇게 사는 것이 너무 억울했다. 언제까지 이렇게 살아야 하지? 회사에서 내 경쟁력이 점점 떨어지고 있다는 것을 느끼고 있었다. 25세에서 27세 사이의 직원들이 어느 면에서는 나보다 더 잘하는 부분이 있었다. 40세가 넘으면 팀장이 되고 본부장이 되어야 한다. 되지 않으면 몇 년을 버티다가 회사를 나가야 하는 압박을 받을 것이 뻔했다. 이미 후배들의 고까운 시선을 견디지 못하고 회사를 그만둔 선배들이 있었다.

경쟁, 또 경쟁. 누구나 언젠가는 경쟁에서 도태된다. 40세, 45세, 50세. 언젠가는 결국 회사를 나와야 한다. 내가 지금 회사를 나간다면 무엇을 할 수 있을까? 아내와 아이들을 위해 돈을 벌어야 하고 사회적 지위를 유지해야 하는 내가 회사를 어쩔 수 없이 그만두어야 하는 상황이 닥치면 어떻게 해야 하지? 조롱과 조소를 받아도 버텨야 할까? 사회에 나온다면 돈을 벌기 위해 무엇이라도 해야 할까? 나는 지금까지 무엇을 위해 살았고, 앞으로 무엇을 위해 살아가야 할까?

40세, 나는 인생에서 여느 때보다 강하게 현실을 직시했다. 공포스러운 하루하루를 견디며 조용하지만 맹렬하게 내가 어떤 사람인지, 무엇을 하고 싶은지 고민하기 시작했다.

마흔,
글을 쓰기 시작하다

그해 겨울이었다. 나는 글을 쓰기 시작했다. 블로그를 개설한 지는 꽤 되었다. 하지만 제대로 글은 쓰지 않았다. 이제는 정말 글을 쓸 시간이었다. 그렇게 무작정 글을 쓰기 시작했다.

40세 즈음 나에게는 좋아하는 취미가 하나 있었다. 바로 누군가가 운영하는 블로그를 살펴보는 일이었다. 회사 생활에 지쳐 가던 나날이었지만, 누군가가 작성한 블로그 글을 읽으면서 출근하고, 퇴근하고, 밤에 잠이 들었다.

지금도 생생하게 기억난다. 특히 밤에 잠이 들기 전 나와 처지가 같은 사람들이 어떤 고민을 하고 무엇을 하고 있는지 블로그를 보면서 공부했다. 이웃을 추가하고 즐겨찾기를 누르고 그들이 매일 어떤 글을 쓰는지 지켜보았다. 블로그에 적혀 있는 누군가가 쓴 솔직한 글은 나에게 용기와 위안을 주었다.

누군가는 주식 투자를 하고 있었다. 바쁜 직장 생활 속에서도 자신이 주식 투자를 한 이유와 기록을 매일 글로 쓰고 있었다. 그 사람의 생각이 그대로 드러나는 글을 읽으면서 마치 그 사람이 쓴 일기를 읽고 있는 것처럼 느꼈다. 누군가가 이렇게 살고 있다는 것을 알게 되어 큰 위로를 받았다.

또 누군가는 부동산 투자를 하고 있었다. 누군가는 자격증을 모으고 있었다. 누군가는 해외 이민을 준비하고 있었고, 누군가는 독서 기록을 남기고 있었다. 그들 모두 회사원이었다. 회사를 다니는 사람들이 이렇게 다양한 방면에서 노력하면서 그 기록을 남기고 있었던 것이다. 그렇게 나는 얼굴도 모르는 그들이 쓴 글을 읽으면서 하루하루 위안과 용기를 얻고 있었다. 나는 혼자가 아니라고 느꼈다.

그렇게 6개월 이상 블로그 글을 읽으며 어느 순간, 너무도 자연스럽게 나도 글을 쓰고 싶다고 생각했다. 돌이켜 보면 그것은 너무나 당연했다. 매일 누군가가 쓴 글을 읽고 있으면 나도 글을 쓰고 싶다고 생각하게 된다. 사람은 누구나 자신의 생각을 표현하고 싶은 욕구가 있다. 그 욕구를 세상에 내어 놓는 것은 누구에게나 필요한 일이다. 내가 이를 40세에 한 것은 커다란 행운이었다. 무엇을 쓸지, 어떻게 쓸지, 괜히 블로그를 잘하는 방법을 알려 주는 책도 두어 권 읽어 보았다. 그렇게 나는 글을 조금씩 써 나갔다.

블로그 이웃 0명. 그것이 내 시작이다. 사실 이웃 수는 중요하지 않았다. 그저 내 고민과 생각을 쓰고 싶었을 뿐이다. 내 글이 누군가에게 도움이 되리라는 거창한 생각도 하지 않았다. 그저 40세가 된 평범한 직장인으로서 점점 경쟁력이 떨어지니 무언가를 하지 않으면 안 될 것 같았다. 그래서 내가 가장 쉽게 할 수 있는 글쓰기를 시작한 것이다.

그때 그 블로그 주인장들께 정말 감사한 마음이다. 내가 주로 방문했던 지금도 이름이 기억나는 몇 분과 아쉽게도 이름이 기억나지 않는 몇 분 등 대략 5~6명 정도 되는 블로거가 있었기에 나도 블로그를 시작할 수 있었다. 지금 나는 수많은 사람의 시작을 돕고 있다. 블로그 이웃 6만 명이 넘는 지금 하루에도 몇 번씩 "부아c님 덕분에 블로그를 시작할 수 있었어요. 너무 감사해요."라는 댓글이나 쪽지를 받는다. 세상은 그렇게 이어진다. 누군가의 도움은 다시 다른 누군가의 도움으로 말이다.

그때 내가 자주 방문해서 글을 읽었던 루지님, 소수몽키님, 수미
숨님과 지금은 기억나지 않지만 진솔한 글을 쓰시던 분들께 이 책
을 빌려 감사 인사를 드린다.

글쓰기로
꿈을 찾다

어떤 주제로 블로그를 써야 할까? 처음 글을 쓸 때 주제가 가장 고민된다. 내가 다니던 회사는 미국 다우존스(Dow Jones) 30에 오랜 기간 속해 있는 회사였다. 나는 회사 자사주를 오랜 기간 받았고, 애플에 투자도 하고 있었다. 마침 내가 자주 방문했던 블로거들은 대부분 주식과 부동산을 이야기하고 있었다. 그래서 나도 주식과 관련한 글을 쓰면 되겠다고 생각했다.

무언가를 쓸 때는 나만의 개성이 있어야 한다고 생각했다. 다른 사람과 같은 글을 쓰는 블로거는 되고 싶지 않았다. 나는 다년간 마케팅 일을 해 왔기에 어느 정도 마케팅 역량이 있었다. 마케팅과 전략적 관점에서 주식을 바라보고 싶었다. 지금도 그렇지만 많은 사람이 주식에 단기 투자를 하며 일확천금을 노린다. 그 때문에 회사 자사주나 애플에 7년 정도 투자한 내 경험을 바탕으로 장기 투자의 올바른 자세란 무엇인지 알리고 싶었다.

2019년 12월 30일 첫 글을 썼다. 그리고 2020년 1월 말에 코로나가 시작되었다. 주식은 40%나 폭락하기 시작했다. 아! 주식과 관련한 글을 쓰자마자 코로나가 오다니 어떻게 이런 불행이 있을까? 하지만 이 또한 시험대였다. 나는 장기 투자를 강조했는데, 이때는 계속 주식을 사야 한다고 말할 수밖에 없었다. 이런 주장은 당시 많은 사람의 조롱을 받았다. 어느 순간 블로그 판에서 장기 투자를 외치는 사람은 소수만 남게 되었다. 2월이 지나고 3월이 되면서 조롱과 응원을 반반씩 받던 내 블로그에 응원하는 목소리가 점점 커졌다.

나는 이 순간을 '초심자의 행운'으로 여긴다. 가장 불행하다고 느낀 이 시기가 사실 나에게는 크나큰 행운이었다. 코로나는 주식에 관심을 키우는 시기였다. 가장 힘든 2월과 3월을 지나면서 많은 사람이 폭락한 주식을 기회로 느끼기 시작했다. 그래서 정말 많은 사람이 내 블로그를 찾았다. 코로나로 재택근무나 자가 격리를 하면서 온라인 활동 시간이 늘어났고 그런 사람들이 내 블로그를 찾아온 것이다.

2020년 상반기, 내 블로그는 팬을 수천 명 둔 블로그로 성장했다. 2020년에 주식이 50% 이상 성장하면서 많은 사람이 나를 통찰력과 식견 있는 사람으로 보았다. 불과 1년 전만 하더라도 내가 아는 사람은 회사 사람이 전부였고, 나를 아는 사람들도 딱 그 정도였다. 하지만 지금은 수만 명이 나를 알고 있다.

2021년이 지나면서 코로나 특수는 사라졌다. 하지만 많은 사람에게 조롱도 응원도 받아 보았기에 매일 글을 쓰는 습관이라는 내 공이 생겼다. 조금씩 내 이야기를 쓰기 시작했다.

나도 몰랐던 하고 싶은 이야기들이 있었다. 따뜻한 이야기, 세상에 도움이 되는 이야기, 누군가에게 힘이 되는 이야기들 말이다. 어제는 틀리고, 오늘은 맞고, 내일은 틀릴 수 있는 변동성 있는 이야기가 아니라 언제나 맞는 조금은 잔잔하고 삶에 도움이 되는 이야기를 하고 싶었다. 그렇게 내 블로그에는 언제부터인가 주식 이야기 비중은 줄어들고 삶에 대한 이야기가 늘어났다.

초심자의 행운은 보통 몇 개월에서 1년 정도다. 나는 운이 좋은 편이었다. 하지만 운이 전체를 만들지는 않는다. 나는 이 기간을 지나면서 매일 꾸준히 글을 쓰는 좋은 습관을 얻었고, 정말 쓰고 싶은 주제를 찾았다.

아무것도 하지 않으면서 꿈을 꾸는 것은 전혀 도움이 되지 않는다. 아무것도 하지 않고 꾸는 꿈은 단지 꿈일 뿐이다. 막연하고 추상적이고 죽어 있다. 하지만 내가 무언가를 하고 있으면 꿈이 생기고 꿈을 검증하고 구체화할 수 있다. 나는 글을 쓰면서 글을 쓰는 삶이 무엇인지 알게 되었고, 내가 어떤 글을 쓰고 싶은지도 알게 되었다. 매일 블로그 글을 쓰는 내가 바로 작가였다. 블로그 글을 쓰는 순간 나는 이미 작가가 된 것이다.

힘든 직장 일을 하면서 블로그 글쓰기는 나에게 하나의 탈출구가 되어 주었다. 누군가는 술로 고된 삶을 달랜다. 누군가는 유튜브를 보고 누군가는 영화를 보면서 자신을 위로할 것이다. 나에게는 그것이 글이었다. 글을 쓰는 순간은 내가 살아 있음을 느낄 수 있었고, 글을 쓰면서 위로를 받았다. 나는 사람들은 모르는 또 다른 내 자신을 직장 사람들이 모르는 공간에서 만들어 간다는 점에 희열을 느꼈다.

출판사를
만나다

1만 명 정도 이웃이 생기고 1년 6개월 이상 매일 글을 쓰면서 전자책도 출간하게 되었다. 전자책이라고 해서 특별한 것은 없다. 블로그에 게재한 글 수십 편을 엮어서 전자책으로 묶어 내는 것이다. 물론 기존 블로그 글이 아닌 새로운 주제의 글을 쓰거나 일부 새로운 글을 넣어서 기존 블로그 글과는 다른 구성 혹은 내용으로 만들어야 했다. 이것을 무료로 나누어 주면서 나를 홍보하기도 했고, 유료로 측정해서 수익을 올리기도 했다.

그러자 어느 순간 나도 종이책을 출간할 수 있을 것 같았다. 책을 출간하면 나를 응원하는 블로그 이웃들이 사 줄 것 같았다. 전자책으로 100쪽 정도 분량을 써 보았기에 전자책의 2~3배 되는 종이책도 쓸 수 있을 것 같았다.

다른 사람들은 그 정도 규모가 되면 출판사에서 먼저 연락이 온다는데 나는 그렇지 않았다. 연락이 오지 않으면 내가 먼저 연락하면 된다. 어느 날 나는 서점으로 가서 경제/경영 베스트셀러에 올라 있는 책들에서 출판사 이메일 주소를 모두 사진으로 찍었다. 대부분의 책에는 출판사 연락처가 있었지만, 없는 책도 간혹 있었다.

집에 돌아와서 출판 기획서를 썼다. 인터넷에 보면 양식이 많다. 그리고 샘플 원고를 세 파트 정도 준비했다. 샘플 원고는 내가 쓸 책의 목차와 이에 해당하는 세 파트 정도의 분량을 써서 출판사에 어떤 책이 될지 미리 보여 주는 것이다. 그리고는 약 30군데쯤 되는 출판사에 이메일을 보냈다.

출판사에서 답장을 보내는 기준은 따로 없다. 아예 답장을 주지 않는 출판사가 절반이 넘는다. 일부는 일주일 안에 연락을 주었고, 2주나 한 달 뒤에야 연락을 주는 곳도 있었다. 결론적으로 나는 출판사 3군데에서 연락을 받았고, 그중 2군데와 미팅을 하기로 했다.

나는 두 번째 미팅을 한 출판사가 마음에 들었다. 그 출판사와 지금까지 세 권째 책을 쓰고 있다. 당신이 지금 읽고 있는 책은 내가 쓰는 세 번째 종이책이다. 출판사 편집자는 내가 꾸준히 블로그 글을 쓰면서 실력을 기르고 팬을 모은 것에 큰 점수를 주었다. 편집자 입장에서는 '과연 책이 팔릴까, 이 작가는 믿을 수 있을까' 이 두 가지가 제일 중요한데, 블로그 글쓰기를 꾸준히 했다는 것은 이 두 가지를 어느 정도 충족해 주기 때문이다.

그 이후 실제로 책을 낼 때까지 꽤 오랜 시간이 걸렸다. 중간에 기존 원고를 완전히 다시 써야 했는데, 종이책은 전자책과는 다른 어려움이 있었기 때문이다. 하지만 나를 믿어 주는 출판사를 만났고, 기존에 계속 글을 쓰던 내공이 있었기에 결국 책을 출간했다. 첫 책인 『부의 통찰』은 짧은 기간에 전체 순위 51위에 오르면서 베스트셀러가 되었다.

내가 정말 작가가 된 것이다. 작가란 매일 글을 쓰는 사람이다. 하지만 정말 작가라고 할 수 있으려면 정식으로 종이책을 출간해야 한다고 생각한다. 나는 첫 책을 출간한 2022년에 블로그 이웃이 2만 명을 넘어섰으며 매일 블로그에 글을 쓰고 전자책 두 권과 베스트셀러 종이책 한 권을 낸 작가가 되었다.

하나의 삶을 살아가기 시작하면 다시 이전으로는 돌아갈 수 없다고 한다. 2022년 종이책을 출간하며 작가가 된 나는 이제 작가 이전의 삶으로는 되돌아갈 수 없다. 그 이후 블로그뿐만 아니라 더 많은 플랫폼에 글을 썼으며, 또 다른 책을 구상하며 삶이 글이 되고 글이 삶이 되는 그런 삶을 살아가기 시작했다.

SNS로
책을 알리다

    블로그 방문자 수가 2만 명을 넘어서고 책을 출간하면서 블로그를 넘어 더 많은 플랫폼에 나를 알리고 싶었다. 내가 공들여서 쓴 책은 주로 내 블로그 이웃인 4,000명에게 읽히고는 빠르게 순위가 내려갔다. 어떻게 아느냐고? 1쇄 3,000부에서 2쇄 2,000부를 찍는 데는 일주일이 걸렸지만, 3쇄 2,000부를 찍기까지 6개월이 걸렸고, 4쇄는 1년이나 걸렸기 때문이다. 내 책이 블로그 이웃들에게 많은 사랑을 받았지만, 블로그 이외에는 홍보 수단이 없는 나의 한계도 여실히 드러난 것이다.

    공들여 글을 쓴 좋은 책이 널리 퍼졌으면 하는 마음과 나를 믿어

준 출판사에 더 많은 판매량을 선물해 주고 싶은 마음이 커지자 블로그 외의 다른 플랫폼에도 나를 알리고 싶었다. 출간을 경험해 보니, 아무리 좋은 책도 홍보가 되지 않으면 판매하기 힘들고 그리 좋지 않은 책이라도 홍보만 잘하면 판매하기 쉽다는 것을 알았다. 좋은 책을 쓰는 것도 중요하지만 나를 홍보할 수 있는 역량도 중요했다. 그리고 그 홍보의 중심은 작가가 가진 채널이었다.

가장 먼저 X(구 트위터)를 시작했다. 무언가를 새로 시작하는 일은 언제나 어렵고 두렵다. 새로운 플랫폼에서 구독자 0으로 시작해야 하기 때문이다. 이미 블로그로 이웃이 2만 명 이상 있었기에 새로 시작하는 것이 조금 망설여졌다. 성공을 경험한 사람이 실패를 보여 줄지도 모른다는 그런 알량한 자존심 같은 것이 있었다. 하지만 동시에 나는 이 말을 좋아한다. "어려운 것이 아니라 낯선 것이다." X는 나에게 어려운 것이 아니라 낯선 것이었고, 하다 보면 잘하게 될 것이었다.

2022년 여름, X를 시작했다. X는 220자 단문을 올리는 곳인데, 생각보다 내 성향과 잘 맞았다. 내가 읽은 좋은 책에서 본 문구와 간단한 내 생각들을 하루에도 수십 개씩 올렸다. 생각보다 많은 사람이 유명한 분이 왔다며 반겨 주었고, 3개월쯤 지나자 팔로워 수는 2만 명을 넘어섰다. 블로그 이웃 수가 3만 명이 되던 날, X도 3만

'내 삶이 글이 된다'고 생각하기 시작하면서
내 삶을 허투루 살 수가 없었다.
나에게 새로운 경험을 주어야지 새로운 글이 탄생하고,
나에게 좋은 삶을 주어야지 좋은 글이 탄생하고,
나에게 따뜻한 경험을 주어야지 따뜻한 글이 탄생한다.
마치 의미 있는 글을 쓰기 위해
의미 있는 삶을 살려고 노력하게 되는 것이다.

명이 넘었다. X는 블로그 이웃 수와 비슷하게 성장했고, 지금은 둘 다 6만 명이 넘는다.

2023년 가을, 나는 스레드를 시작했다. 당시 메타에서 X를 겨냥해서 내놓은 것이 텍스트 기반의 스레드였고, 초반에 탑승하면 빠르게 팔로워 수를 늘릴 수 있기에 시작했다. 팔로워 수 2만 명을 만드는 데 채 3개월이 걸리지 않았다.

2023년 겨울, 나는 개인적인 것만 간혹 올리던 인스타그램에 집중했다. 나는 처음에 인스타그램을 싫어했다. 개인의 자랑과 허영을 올리는 공간이라고 생각했지만, 의외로 많은 작가가 인스타그램에 자신의 글을 올리고 있었다. 대학생들은 연락처나 카톡이 아니라 인스타그램 계정으로 자신을 소개한다. 나는 X나 스레드에 그랬듯이 인스타그램에 집중했고, 인스타그램에서 팔로워 수를 10만 명 만드는 데는 6개월이 안 걸렸다.

나에게는 아침 루틴이 있다. 그중 하나는 아침에 일어나서 7시 30분에 블로그, X, 스레드, 인스타그램에 글을 하나씩 올리는 것이다. 7시 30분 블로그 글을 발행하는 것이 그 시작이다. 나는 내가 SNS를 시작한 순서대로 콘텐츠를 올린다. 같은 콘텐츠를 길이나 표현을 다르게 올릴 때도 있고, 다른 콘텐츠를 올릴 때도 있다. 이것은 나에게 하나의 의식이자 습관이 되었고, 내가 '인플루언서 작가'로서 살아가는 하나의 방식이 되었다.

나는 두 번째 책에서 인플루언서가 되는 방법을 썼지만, 세 번째 책인 여기에서는 작가가 되는 방법을 쓰고 있다. 그리고 나는 내 책들을 내가 운영하는 SNS에 홍보할 것이다. 필요한 사람들에게 필요한 책을 소개할 수 있는 역량을 갖추는 것, 그렇게 내 글을 좋아해 줄 사람들을 만날 수 있는 기회를 만드는 것, 그것이 바로 내가 가진 채널의 진짜 힘이다.

삶이 글이 되고,
글이 삶이 되다

2020년 블로그 글을 쓰면서 내 삶은 완전히 바뀌었다. 그 전까지는 별 생각 없이 하루를 보냈다. 하지만 블로그 글을 쓰면서 아웃풋을 내기 시작하니 이제는 하루 종일 블로그 글감을 생각한다. 과거에는 하루에 일어나는 수많은 사소한 일들이 그저 스쳐 지나갔다. 하지만 책을 쓴 뒤로는 사소한 일들도 블로그 글감으로 보였다.

일상생활뿐만 아니라, 나 스스로도 많은 책을 읽는 사람이 되었다. 주식 글을 쓸 때는 주식을 다룬 좋은 책을 읽으면서 열심히 공부하고 글감을 찾았다. 삶을 다룬 글을 쓸 때는 삶의 지혜를 주는 책을 사서 읽었다. 다른 사람들의 블로그 글을 보면서 배우고, 내 블로그 글에 달린 댓글을 보면서도 배웠다. 나는 이렇게 하루 종일 글을 읽고 쓰는 사람이 된 것이다.

> "일체의 글 가운데서 나는 피로 쓴 것만 사랑한다.
> 쓰려면 피로 써라. 그러면 너는 피가 곧 넋임을 알게 될 것이다.
> 다른 사람의 피를 이해한다는 것은 쉬운 일이 아니다.
> 그래서 나는 게으름을 피워 가며 책을 뒤적거리는 자들을 미워한다."
>
> ―니체

여기에서 피로 쓴다는 것은 자신의 경험을 쓰라는 말로 해석되며, 니체는 자신의 경험으로 쓴 글만 가치가 있다고 말한 것이다. 니체 이외에도 수많은 작가가 경험한 것을 써야 한다고 이야기한다.

4년 동안 내 경험을 바탕으로 매일 글을 써 왔기 때문인지 이제는 니체가 한 말을 이해한다. 내가 경험한 것은 쓰기 쉽지만 경험하지 않은 것은 쓰기가 어렵다. 내가 경험한 것은 설득력 있고 공감 있는 글이 되지만, 경험하지 않은 것을 쓰면 허점투성이 부족한 글이 되기 쉽다. 내가 경험한 글은 사실에 기초하지만 경험하지 않은 글은 사실이 아닐 가능성이 커진다(내가 의도하지 않더라도).

매일을 이런 생각으로 산다. '내 삶이 글이 된다'고 생각하기 시작하면서 내 삶을 허투루 살 수가 없었다. 나에게 새로운 경험을 주어야지 새로운 글이 탄생하고, 나에게 좋은 삶을 주어야지 좋은 글이 탄생하고, 나에게 따뜻한 경험을 주어야지 따뜻한 글이 탄생한다. 마치 의미 있는 글을 쓰기 위해 의미 있는 삶을 살려고 노력하게 되는 것이다.

그런데 반대의 삶도 살아진다. 글이 삶이 되는 것이다. 내가 늘 따뜻하고 좋은 글만 쓰다 보니 일부러 짓궂게 이런 식으로 물어보는 사람들이 있다. "부아c님은 그렇게 사세요? 글이 위선 아닌가요?" 처음에는 그런 질문에 어떻게 대답해야 할지 몰랐다. 지금은 정확하게 이렇게 대답할 수 있다. "네, 제가 그렇게 좋은 사람은 아닐 수도 있지만 이런 글을 쓰면서 이렇게 좋은 사람이 되려고 매일 노력하고 있습니다." 나는 내가 쓰는 글이 곧 내 삶이 된다고 믿는다.

요약하면 나는 삶이 글이 되고 글이 삶이 되도록 살고 있는 것이다. 블로그 글쓰기를 4년 이상 하고, 책을 출간하고, 여러 플랫폼에 글을 올리면서 그렇게 생각했었고, 오늘도 이 책을 쓰면서 그렇게 생각한다. 그리고 나는 평생 이런 삶을 살고 싶다. 독서와 글쓰기를 모르다가 매일 독서와 글쓰기를 하는 삶을 살게 되면서 이제 과거로는 되돌아갈 수 없다. 독서와 글쓰기는 이제 내 삶의 일부다.

왜
마흔인가?

우리나라 평균 기대 수명은 80세가 넘는다. 지금 태어나는 아이들은 무난히 100세를 살 것이라는 예측도 있다. 지금의 성인이 80세, 지금 태어나는 아이들이 100세 넘게 산다고 가정하면 40대는 인생의 중반에 해당하는 나이인 셈이다. 축구로 치면 전반전을 끝내고 후반전을 시작할 하프 타임에 해당하는 나이다.

40세는 전통적인 유교의 관점에서는 불혹이다. 흔들리지 않는 나이다. 직업적으로나 사회적으로나 어떤 위치에 있고, 그 위치를 유지하면서 일생을 마무리하는 어떻게 보면 변하지 않아야 할 나이인 셈이다. 하지만 평균 수명이 크게 늘어나면서 40세는 이제 청년의 중간 나이 정도가 되었다.

현대 사회에서 40세는 참으로 흔들림이 많은 나이가 되었다. 과거에는 평생 직장 개념이라 60세가 넘을 때까지 한 직장을 다녔고, 그 직장이 어느 정도 노후를 책임져 주었다. 하지만 현대 사회는 그렇지 않다. 해고가 자유롭고 계약 형태가 다양해지면서 직장은 이제 개인을 책임져 주지 않는다. 과거 기준으로 40세는 안정적인 중간 관리자 나이였지만, 지금 기준으로 40세는 언제 잘릴지 모르는 불안한 나이다.

40세는 대한민국 기대 수명으로 보면 절반도 되지 않는 나이지만, 사회적 기대 수명으로 보면 쇠락해 가는 나이다. 그렇기 때문에 40대는 고민이 많을 수밖에 없다. 앞으로 살 날은 많은데 할 수 있는 일은 별로 없는 그런 나이, 그 시기를 40대가 보내고 있기 때문이다. 문제는 앞으로 기대 수명은 더 늘어나고 사회적으로 직업 수명은 더 짧아진다는 것이다.

내가 블로그에 글을 쓰기 시작한 나이가 마흔이다. 어떻게 보면 우연일 수 있지만 다른 한편으로는 필연이었던 것 같기도 하다. 10년 이상 사회적 경험을 쌓았지만 언제 회사에서 잘릴지도 모른다는 공포감이 나를 글의 세계로 몰아넣었던 것이다. 하지만 글을 쓰기 시작한 지금, 글쓰기는 나에게 제2의 삶을 살아가는 기회를 만들어 주었다.

당신은 어떠한가? 당신의 마흔은 어떠한가? 당신이 전문 분야에 있지 않고 언제 어디에서든 쉽게 대체될 수 있다면 꼭 글을 써야 한다. 나도 회사에서 쉽게 대체될 수 있는 사람이었지만 블로그에 글을 쓰면서 강력한 온라인 명함을 만들었다. 회사에서는 쉽게 대체될 수 있었지만 블로그 세계에서는 쉽게 대체될 수 없는 블로거가 되었다. 회사에서는 매일 경쟁력이 떨어지고 있었지만 블로그 세계에서 내 부캐는 매일 경쟁력을 쌓고 있었다.

당신이 전문 분야에 있고 쉽게 대체되지 않는다고 해도 글을 써라. 자신의 직업적 가치를 높이는 가장 쉬운 방법은 글을 쓰는 무엇이 되는 것이다. 글을 쓰는 의사, 글을 쓰는 변호사, 글을 쓰는 회계사, 글을 쓰는 음악가 등 글을 쓰고 책을 출간하며 자신의 생각을 알리는 전문가가 더 큰 인기를 누리고 사회적 지위를 얻게 된다.

당신이 마흔이라면 잘 되었다. 지금 이 책을 읽는 것이 당신 삶에 전환점이 될 것이다. 당신이 20~30세라면 지금부터 준비하는 행운을 얻었다. 글쓰기는 빠르게 시작하면 좋다. 당신이 50~60세라도 아직 늦지 않았다. 대한민국의 평균 수명은 이제 80세가 넘어간다. 당신이 은퇴를 한 60세 이상이라도 좋다. 노년기에 쓰는 글은 당신이 겪은 많은 경험과 이야기가 담겨 있기에 더 풍성할 것이다.

　내 결론은 이렇다. 40세라도 좋고 아니어도 좋다. 내 글을 쓰기 시작하자.

독서는
좋은 글쓰기 습관

어느 날 당신이 글을 쓰기로 결심했다. 블로그를 개설해서 글을 쓰기 시작했다. 브런치에 글을 연재하기 시작했다. X나 스레드에서 글을 쓰기 시작했다. 그런 시간이 조금 지나면 소재 거리가 떨어진다. 무슨 글을 써야 할지 모르겠고, 어떤 글을 써도 내 글이 평범하게 느껴진다.

글감이 없는 가장 큰 이유 중 하나는 나에게 인풋이 부족하기 때문이다. 인풋(input)이 있어야 아웃풋(output)이 있다. 내 경험으로 글을 쓸 수 있지만 그것만으로는 부족하다. 내 경험을 끌어내는 것부터가 글쓰기 능력이며, 내 경험을 보편적인 지식에 연결할 수 있어야 좋은 글이 탄생할 수 있다.

돌이켜 보면 나는 어릴 때부터 독서를 좋아했다. 어린 시절 부모님은 맞벌이셨고 나는 혼자 집에 있을 때가 많았다. 어머니는 책을 좋아하는 분이셨고 우리 집에는 서재가 별도로 있었다. 꽤 큰 책장에는 책이 수백 권 있었는데, 나는 매일 어머니를 그리워하는 마음으로 어머니의 책을 읽었던 것 같다. 어린 시절의 나에게는 어려웠을 법한 펄벅의 『대지』나 조정래의 『태백산맥』 같은 책을 읽었다.

그 책들을 이해하면서 읽은 것은 아니다. PC가 발달하지 않았고 TV에서 만화는 일요일 오전에만 볼 수 있었던 시절, 책은 나에게 좋은 친구가 되었다. 나는 유년기를 지나 초등학교 고학년 때까지 책을 가까이했다. 중학생 이후에도 무협지나 만화에 빠져들었다. 무협지나 만화가 소용없다고 생각하는 사람들이 있을지 모르겠으나, 나에게는 이 또한 글자를 가까이하는 습관을 만들어 주었다.

20대가 되면서 독서 습관은 많이 무너졌다. 공부만 하면서 살았던 나에게 대학교 생활은 자유 그 자체였으며, 학업도 소홀히 한 만큼 독서도 소홀히 했다. 하지만 군대에 간 뒤로 상병 이후의 시간을 독서를 하면서 보냈다. 군대에서만 책을 500여 권 읽었다. 취업을 하면서 독서에 소홀해졌지만, 40세가 다가오며 다시 책에서 정답을 찾기 시작했다.

꾸준한 독서가라고 할 수는 없지만, 어릴 때 겪은 경험은 내가 힘들 때마다 책을 찾는 소중한 습관을 만들어 주었다. 살면서 책을 1,000권 이상 읽은 것 같다. 어떤 지식은 아직 나에게 남아 있고 어떤 지식은 스쳐가듯 사라졌지만, 독서 내공이 쌓여 글쓰기에 도움을 주고 있다.

좋은 글쓰기를 하는 데 독서 습관은 필수라고 생각한다. 쉽게 글을 잘 쓸 수 없다면 충분히 독서를 하지 않았기 때문일 가능성이 높다. 좋은 글쓰기는 좋은 독서 습관과 함께한다. 인풋이 많은 사람은 아웃풋도 잘하기 마련이다. 인풋은 아웃풋을 가능하게 하는 유일한 방법이다.

당신이 독서 습관을 기르지 못했다면 좋은 방법이 있다. 일단 글쓰기를 시작하는 것이다. 아웃풋을 하기 시작하면 인풋을 찾게 된다. 아웃풋을 하면서 비로소 나에게 인풋이 필요하다는 것을 알게 되기 때문이다. 당신의 일상 속에서 글감을 찾기 시작하면 책에서도 글감을 찾기 시작할 것이다. 그러면서 당신에게 좋은 독서 습관이 생길 것이다.

모든 시작은 글쓰기에 있다. 글쓰기는 당신의 글쓰기 실력과 생각하는 능력, 독서하는 습관까지 만들어 준다. 내 인생은 글쓰기를 하면서 바뀌기 시작했고, 당신의 인생도 글쓰기를 하면서 바뀔 수 있다.

책은 어떻게
내 삶을 바꾸었나?

2024년 어느 봄날, 두 번째 책을 출간한 뒤 북 콘서트를 열었다. 서울 마포에 있는 한 도서관에서 독자 350여 명을 모셨다. 나는 한 시간 먼저 도착하여 무대 뒤편에서 독자들을 기다렸다. 이렇게 많은 사람 앞에서 강연하는 것은 처음이었다. 아니, 부아c라는 이름으로 누군가에게 오프라인으로 강연하는 것 자체가 처음이었다. 약속된 시간이 되어 좌석에 300명 이상이 앉기 시작하자 나는 비현실감을 느꼈다. 무엇이 나를 350여 명과 연결시켜 주었을까? 무엇이 나를 350여 명 앞에서 강연할 수 있는 사람으로 만들었을까? 그것은 바로 책이다.

나는 불과 6개월 전까지는 평범한 회사원에 불과했다. 평소에 내가 강연한다고 하면 대부분은 나를 아는 동료들일 것이고 그마저도 20~30명을 넘기 힘들 것이며, 그들은 큰 기대나 존경을 담지 않은 채 내 강연을 들었을 것이다. 하지만 2024년 봄날, 350여 명에 달하는 사람들은 내가 하는 말과 몸짓에 집중했다. 그리고 두 시간 내내 그들은 온전히 내 이야기를 들으려 노력했고 박수를 치고 응원을 보냈다. 무엇이 나를 이런 사람으로 만들었을까? 그것은 바로 책이다.

내가 대단한 책을 쓰고 있다고는 생각하지 않는다. 『부의 통찰』은 한 사람이 어떻게 부를 얻기 위해 노력했는지 이야기하는 책이고, 『부를 끌어당기는 글쓰기』는 내가 어떻게 18만 인플루언서가 되었는지 이야기하는 책이다. 그리고 『마흔, 이제는 책을 쓸 시간』은 종이책 두 권과 전자책 두 권을 쓴 내가 책을 어떻게 쓰게 되었고, 책을 왜 써야 하는지 이야기하고 있다. 나는 아주 부자이거나 아주 큰 인플루언서이거나 수십 권을 쓴 대작가가 아니다. 그럼에도 나에게는 내 책을 선택하고 나를 사랑해 주는 팬이 수천수만 명 있다.

가끔 나에게 이런 질문과 의혹을 던지는 사람들이 있다. '부아c가 유명하기는 하지만 책은 그다지 좋지 않다. 차라리 그 시간에 대

작가가 쓴 책을 읽겠다'고 말이다. 나도 동의한다. 대작가가 쓴 책을 읽는 것이 더 도움이 될 것이다. 하지만 대작가에게도 초보 시절이 있었다. 정말 많은 사람이 누군가의 현재를 마치 마지막처럼 생각한다. 대작가의 마지막을 보고 있으면서 누군가의 시작은 무시한다. 그리고 그렇게 말하는 대부분의 사람들은 정작 아무것도 하고 있지 않다.

나는 당신에게 말해 주고 싶다. 당신도 작가가 될 수 있다. 당신의 시작은 당신의 최선으로 만들어지는 그 자체만으로 충분히 가치 있고, 부족할 수 있지만 부족할 수밖에 없는 것이다. 하지만 누군가도 시작이 있었기 때문에 그 이후도 있었듯이, 당신도 완벽하지 않은 지금으로도 충분히 가치 있으며 그 가치를 세상에 드러내야 한다.

누군가의 시작은 더 늦게 시작하는 누군가에게 큰 도움이 될 수 있다. 18만 인플루언서가 된 경험을 쓴 책『부를 끌어당기는 글쓰기』는 인플루언서가 되어 가고 있는 사람에게는 큰 가치가 있겠지만, 처음 시작하는 사람에게는 '블로그 시작하는 법', '1만 인플루언서가 되는 법' 등 초보용 책이 더 큰 도움이 될지도 모른다. 결국은 당신이 어떤 위치에 있고 어떤 경험을 했든 당신의 위치와 경험이 누군가에게는 큰 도움이 된다.

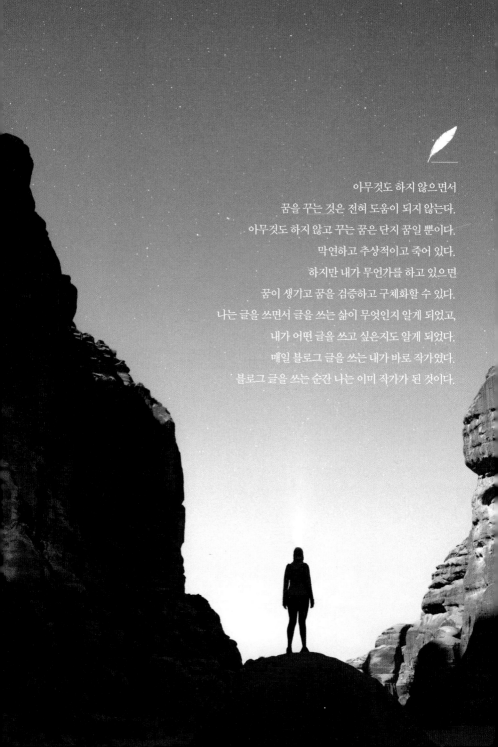

아무것도 하지 않으면서
꿈을 꾸는 것은 전혀 도움이 되지 않는다.
아무것도 하지 않고 꾸는 꿈은 단지 꿈일 뿐이다.
막연하고 추상적이고 죽어 있다.
하지만 내가 무언가를 하고 있으면
꿈이 생기고 꿈을 검증하고 구체화할 수 있다.
나는 글을 쓰면서 글을 쓰는 삶이 무엇인지 알게 되었고,
내가 어떤 글을 쓰고 싶은지도 알게 되었다.
매일 블로그 글을 쓰는 내가 바로 작가였다.
블로그 글을 쓰는 순간 나는 이미 작가가 된 것이다.

실제로 이제 막 블로그를 시작하고 처음 전자책을 출간한 어떤 독자들은 초보 작가의 책이 더 도움이 되었다고 말하기도 했다. 지금의 나에게는 그런 책보다는 50만, 100만 인플루언서가 쓴 영향력 있는 책이 더 도움이 될지도 모른다. 모든 책은 누군가에게 가치 있을 수밖에 없다. 각자의 경험과 속도가 다르기 때문이다.

책은 내 삶을 완전히 바꾸어 주었다. 살면서 내 삶을 가장 많이 바꾼 일이 블로그에 글을 쓰기 시작한 것이라면, 그다음으로 많이 바꾼 일은 책을 쓰기 시작한 것이다. 나는 매일 블로그에 글을 쓰기 시작하면서 매년 책을 출간하는 작가가 되었다. 나는 이 길을 누구나 갈 수 있다고 생각한다. 나는 당신이 글을 쓰는 작가가 되었으면 좋겠다. 당신의 지식과 경험과 생각을 지금도 누군가가 기다리고 있다.

존경받는 작가들의
특징을 파악하라

　예전에는 가장 존경하는 사람으로 한국 역사에 큰 획을 그은 위인을 꼽았다. 조선 시대 한글을 보급한 위대한 왕인 세종대왕이나 일본 침략에 맞서 임진왜란에서 나라를 구한 이순신 장군을 존경했다. 삼국지에 나오는 영웅들도 존경했다. 유비, 관우, 장비, 조운, 제갈량의 이야기를 읽으면서 그들의 용기와 지혜에 박수를 보냈다.

　20대에는 돈을 많이 번 사업가들을 가장 존경했다. 스티브 잡스나 팀 쿡, 일론 머스크 같은 사업가들이다. 번뜩이는 아이디어 하나로 스타트업을 세워 세계 최고 기업으로 만들어 낸 에어비앤비나 우버의 창업자들도 존경했다.

하지만 40대인 내가 가장 존경하는 사람은 매일 자신의 루틴을 유지하며 글을 쓰는 사람이다. 자신의 삶 속에서 창조성을 가지고 글을 쓰면서 그 삶을 수십 년째 이어 가는 사람들을 지금 가장 존경한다.

나는 무라카미 하루키를 좋아한다. 20대 나에게 가장 큰 영향을 준 책을 꼽으면 『상실의 시대』다. 작가의 필력과 몽환적인 시각에 빠져 감수성이 풍부한 20대에 이 책을 수십 번씩 읽었다. 내가 무라카미 하루키를 좋아하게 된 이유는 그가 매일 자신의 루틴을 지키며 글을 쓰는 사람이기 때문이다. 무라카미 하루키는 매일 새벽 네 시에 기상해서 여섯 시간 동안 글을 쓴 뒤 한두 시간씩 10km 달리기 혹은 1,000m 수영을 한다. 하루 일고여덟 시간 독서나 음악 감상을 하고, 나머지 일곱 시간은 잠을 잔다. 그는 이미 수십 년째 이런 삶을 반복하고 있다.

나는 김형석 작가도 존경한다. 그는 104세인 지금까지도 글쓰기와 강연하는 삶을 살고 있다. 그는 여전히 새벽 여섯 시에 일어난다. 아침을 신문으로 시작한다. 일상을 유지하기 위해 집에 있을 때도 넥타이까지 갖춘 단정한 차림을 한다. 그는 20년 넘게 가파른 언덕을 오르고, 그 이후에는 하루 종일 책을 읽거나 쓰는 삶을 살고 있다. 지금까지 50권이 넘는 책을 출간했고 104세인 지금도 활발하게 활동한다.

최근에는 김종원 작가를 좋아하기 시작했다. 그는 20년에 걸쳐 100권에 가까운 책을 집필했다. 2024년 올해에만 벌써 3~4권을 집필했을 정도로 왕성한 집필 활동을 이어 가고 있다. 매일 자신의 블로그와 인스타그램 등에 글을 여러 개 올리면서 독자와 소통한다. 그는 하루에 세 시간만 자며 그보다 많은 시간을 사색하는데 쓰고 하루 종일 글쓰기, 독서, 강연하는 삶을 살고 있다. 나는 그가 김형석 작가처럼 평생 글을 읽고 쓰는 삶을 살리라는 것을 알고 있다.

내가 세종대왕이나 이순신, 스티브 잡스나 팀 쿡을 이제 존경하지 않는다는 것이 아니다. 유비, 관우, 장비, 조운, 제갈량의 삼국지 영웅들을 더 이상 좋아하지 않는 것이 아니다. 한 사람이 오랜 시간을 쌓아 올리면서 그 자체로 대단함을 만들어 내는 삶이 더 멋져 보이는 것이다. 그들에게서 나를 보기 때문이다. 무라카미 하루키, 김형석, 김종원은 사소하지만 중요한 것을 매일 반복하면서 이를 글로 옮겨 내고 있다. 그렇게 많은 독자에게 자신의 경험과 생각과 지혜를 전달하고 있다.

누구나 세종대왕, 이순신, 스티브 잡스, 유비, 관우가 될 수 있는 것은 아니다. 하지만 나는 누구나 좋은 작가가 될 수 있다고 믿는다. 나는 좋은 글을 쓰고자 오랜 기간 노력하면 '누구나 좋은 작가가 될 수 있다'고 말해 주는 그런 작가가 되고 싶다. 삶이 글이 되고 글이 삶이 되는 삶, 그것이 진정한 작가의 자세이며 나도 그런 삶을 살고 싶다. 당신도 나와 함께 그런 작가의 길을 걷지 않겠는가?

누구나 작가가 될 수 있는 시대, 그런 시대에 우리는 살고 있다. 세상은 당신의 글을 기다리고 있다. 오늘이 당신에게 위대한 시작이 되길 바란다.

2장

전자책으로 시작하자

나는 책을 출간하고 싶어 하는 사람들에게 우선 전자책으로 시작하라고 이야기한다. 책을 출간하려면 출판사 선택을 받아야 한다. 자비 출판도 가능하지만 이는 비용이 들고 책의 질이 떨어질 가능성이 높으며, 출판사 도움을 받을 수 없기에 독자에게 선택받을 기회도 적다. 경험 많은 출판사와 기획 출간을 하는 것이 책을 출간하는 가장 좋은 방법이다. 하지만 누구나 출판사 선택을 받을 수 있는 것은 아니다.

　종이책을 출간하려면 일정한 형식을 맞추어야 한다. 최소 200쪽 혹은 250쪽이 넘는 글을 써야 하는데, 이는 시작하는 사람 입장에서는 꽤나 어려운 일이다. 그래서 나는 초보일수록 전자책을 먼저 출간하는 것을 추천한다. 전자책을 출간하면 경험과 능력, 인지도가 생겨 향후 종이책을 출간하기 쉬워질 것이다.

전자책,
누구나 쉽게 쓸 수 있다

당신의 작은 경험이, 당신의 작은 성취가, 당신의 작은 지식이 전자책이 될 수 있다. 당신이 가진 작은 생각과 경험이 누군가에게 큰 도움이 될 수 있다는 믿음을 가진다면 당신도 전자책을 출간할 수 있다. 그 믿음이 당신을 시작할 수 있게 도울 것이며, 이는 사실이다.

다음 전자책들은 나와 교류하는 초보 블로거들이 썼다. 대부분은 블로그 이웃이 수천 명이지만, 이제 막 블로그를 시작한 지 6개월 내지 1년 정도밖에 안 되는 블로거도 있다. 이들이 어떤 자격을 가지고 있다거나 마케팅을 공부한 것은 아니다. 하지만 모두 자신이 경험한 것을 진솔하게 전자책으로 풀어냈다.

- ○ 3달 만에 0에서 5천 인플루언서 블로거 되는 법
- ○ 블로그 방문자 하루 1,000명 만들기
- ○ 글쓰기로 성장하는 나만의 블로그
- ○ 인생이 바뀌는 블로그 글쓰기
- ○ 40대 직장인 5천 블로그 만들기

이 책들에는 세 달 만에 블로그 이웃 5,000명을 만들었던 노하우, 하루에 블로그 방문자 1,000명을 만든 노하우, 글쓰기로 블로그를 성장시킨 방법, 블로그 글쓰기로 인생을 바꾼 방법, 40대 직장인이 블로그 이웃 5,000명을 만든 비법 등이 적혀 있다. 나에게는 이 책들이 필요하지 않다. 나는 블로그 이웃 6만 명에 SNS를 사용한 경험이 많기 때문이다. 하지만 블로그를 처음 시작하는 사람들은 『부를 끌어당기는 글쓰기』보다 이런 책에서 더 큰 도움을 받을지도 모른다. 처음 시작하는 사람은 조금 전 그 길을 걸어간 사람들의 이야기에서 더 큰 도움을 받을 수 있다.

다른 주제의 전자책도 가능하다. 다음은 내가 아는 초보 블로거들이 올해 쓰고 있거나 조만간 출시 예정인 책들이다. 모두 자신이 경험한 것을 책으로 썼다는 공통점이 있다.

○ 초중고 진로체험교사 바로 따라하는 실전서

○ (마음이 서툰 엄마를 위한) 엄마 마음 사용법

○ 연말홈파티 칵테일·요리 레시피 아이디어 30선

○ 나이 40이 되어서야 할 수 있는 이야기

○ 1년 100kg 이상 감량시킨 코치의 다이어트 비법서

내 이야기를 쓰는 것은 쉬운 일이다. 글쓰기가 어려운 이유는 내가 경험하지 못한 모르는 것을 쓰려고 하기 때문이다. 자신이 잘 아는 것, 자신이 경험한 것을 쓴다면 글쓰기는 쉬울 수밖에 없고, 그렇게 쓴 글이 정말로 누군가에게 도움을 줄 수 있는 것이다. 그렇기 때문에 내 이야기를 쓰려고 노력해야 한다.

앞서 '피로 쓴 글만 의미가 있다'고 한 니체의 글을 소개했다. 여기에서 피로 썼다는 의미는 자신의 경험을 썼다는 것이다. 나는 전자책은 경험으로 쓰는 것이라고 생각한다. 예를 들어 운동을 전혀 모르는 내가 줄넘기 100개를 100일 동안 한 뒤에 '평생 운동하지 않던 내가 줄넘기 100개를 매일 하며 알게 된 것'이라는 제목으로 쓸 수도 있을 것이다.

내가 앞서 소개한 전자책 중에는 교보문고나 예스24에서 유통되어 전체 베스트셀러 상위권에 오른 책들도 있다. 그 전자책을 쓴 작

가들은 또 다른 전자책을 준비하며 계속 전자책 작가 혹은 향후 종이책 작가를 준비하고 있다. 이 모든 것은 작은 시작이 있었기에 가능하다. 그 시작은 자신의 경험을 글로 쓰고 이를 책으로 엮는 것이다. 전자책은 누구나 쉽게 시작할 수 있다. 당신도 전자책을 쓸 수 있다. 쓰고 싶다는 마음과 이를 행동으로 옮기는 실천력만 있다면 말이다.

전자책의
열 가지 장점

요즘은 누구나 전자책을 쉽게 만들 수 있다. 당신이 생각하는 것보다 만들기 쉽다. 간단히 10쪽 분량으로 전자책 한 권을 만들 수도 있다. 물론 정성을 들여서 50쪽 이상을 만들 수 있다면 더욱 좋기는 하다. 나도 50쪽 이상의 전자책을 몇 권 써 보았고, 100쪽이 넘는 전자책을 만들어서 판매한 적도 있다.

전자책은 당신에게 권위를 부여한다. 온라인 세상에서 작가라는 타이틀은 강력한 명함이 된다. 당신의 블로그나 SNS에 전자책 이미지와 제목을 적어 두는 것만으로도 독자 신뢰도를 높일 수 있다는 의미다. 나는 주변 블로거들에게 전자책을 써서 이를 블로그 대문에 소개하며 권위를 높이라고 추천한다.

전자책은 당신을 홍보하는 핵심 수단이 되기도 한다. 나는 블로그에서 여러 번 전자책 무료 배포 이벤트를 진행했다. 이벤트 게시글을 스크랩하면 추후 전자책을 무료로 나누어 주는 이벤트였다. 가장 잘된 이벤트는 4,000명이 참가했다. 즉, 블로그 이웃 4,000명이 내 글을 스크랩했다는 의미다. 그들이 스크랩한 글을 그들의 이웃들이 본 뒤 내 블로그를 방문하면서 수많은 이웃이 유입되었다. 이 단일 이벤트로 새로운 이웃이 1,700명 정도 생겼다. 이런 이웃들은 내 미래의 독자가 되는 셈이다.

당신이 작가가 되는 가장 쉬운 방법은 전자책을 쓰는 것이다. 그리고 전자책 쓰기는 정답이 없다는 것을 명심해야 한다. 과장해서 말하면, 단 한 장을 쓰더라도 당신은 전자책 작가가 될 수 있다는 말이다.

전자책 쓰기는 다음 열 가지 장점이 있다. 다음 열 가지는 전작 『부를 끌어당기는 글쓰기』에 있는 내용을 업데이트한 것이다.

비용이 들지 않는다

전자책의 가장 큰 장점은 비용이 들지 않는다는 것이다. 내가 나열한 모든 장점 중에서 압도적으로 큰 장점이 바로 이것이다. 당신이 전자책을 쓰면서 손해 볼 것이 없다는 사실이 제일 중요하다. 당신의 시간을 써야 하지만 이 또한 당신이 발전하는 시간이므로 전혀 손해가 없다고 봐도 무방하다. 누구나 비용 없이 쉽게 시작할 수 있는 것이 전자책 쓰기다.

수익 창출이 가능하다

전자책을 홍보 수단으로 쓰는 사람도 있지만 대부분은 판매하려고 쓴다. 세상의 모든 상품과 서비스는 판매 비용이라는 것이 발생한다. 예를 들어 내가 1만 원짜리 제품을 판다고 하자. 중국에서 5,000원에 사서 2,000원을 부대 비용(배송료, 포장비 등)으로 사용하고, 플랫폼에 1,000원 수수료를 내고 국가에 세금으로 1,000원을 지불한다고 하자. 그러고 나면 내게 남는 돈은 고작 1,000원 정도다. 1만 원짜리 제품을 팔았는데 고작 1,000원이 남는 꼴이다. 유형(有形)의 제품을 판매하면 이렇게 큰 비용이 발생한다.

하지만 전자책은 다르다. 내가 1만 원짜리 책을 팔았다면, 플랫폼 수수료와 세금을 제외한 8,000원의 마진이 남는다. 같은 1만 원짜리를 판매했음에도 제품을 판매한 것에 비해서 8배나 많은 돈을 벌어들인 것이다. 이처럼 지식을 파는 것은 제품을 파는 것보다 월등히 높은 수익을 올릴 수 있다. (물론 플랫폼 수수료는 플랫폼에 따라서 천차만별일 수 있다. 하지만 전자책의 높은 수익률은 변하지 않는다.)

전자책은 종이책과 비교해서 수익률 면에서도 월등하다. 일반 작가는 인세가 보통 10% 정도 된다. 즉, 1만 권을 판매할 때 매출은 2억 원이 되지만 수익은 2,000만 원 정도밖에 되지 않는다. 반면 주요 플랫폼의 전자책 수익률은 50~90%에 달한다. 전자책은 종이책에 비해 월등히 높은 수익률을 자랑한다.

무엇이든 쓸 수 있다

전자책은 아이디어에 제한이 없다. 어떤 아이디어라도 전자책으로 만들 수 있다. 세상에는 수많은 지식과 가능성이 있다. 여러 정보와 지식을 조합하고 당신의 경험을 넣어 판매하면 된다. 당장 크몽에 접속해서 어떤 전자책이 팔리는지 훑어보라. 어떤 주제도 전자책으로 만들 수 있다는 것을 알게 될 것이다. 이런 주제도 책이 될 수 있다는 사실에 놀라고, 그런 책이 많이 팔린다는 사실에 다시 한번 놀랄 것이다.

언제든지 수정이 가능하다

　종이책은 출간한 뒤에는 업데이트가 어렵지만 전자책은 언제든지 수정이 가능하다. 이미 판매된 종이책은 더 이상 업데이트할 수 없고, 향후 판매하기 위해 업데이트하는 데 시간과 노력과 비용이 든다. 그러나 전자책은 언제나 가볍게 수정할 수 있다는 장점이 있다. 이 때문에 처음부터 완벽하지 않아도 된다. 이미 구매한 사람에게도 수정본을 간편하게 보내 줄 수 있다.

경쟁자가 적다

　전자책을 쓰는 사람이 많을까, 읽는 사람이 많을까? 아직은 전자책을 읽는 사람이 압도적으로 많다. 전자책을 한 번이라도 제대로 써 보았거나 지금도 꾸준히 쓰고 있는 사람의 수는 한정적이다. 전자책 쓰기가 매우 쉽다는 것을 해 보지 않은 사람들은 모른다. 그렇기에 무엇이든 시작하는 사람에게 혜택이 있다는 생각이 든다.

가격 탄력성이 높다

　남과 동일한 전자책이란 있을 수 없기 때문에 비교적 공급자가 원하는 가격을 설정할 수 있다. 사회적 이슈가 되기는 하지만 유명인들은 전자책을 몇십만 원 혹은 몇백만 원에 판매하기도 한다. 하지만 작가의 유명세와 인지도 덕분에 많은 판매량을 기록한다. 이는 작가의 역량이기도 하지만 전자책 시장의 구조가 이를 가능하게 하는 것이다.

종이책은 한번 출간하면 가격을 수정하기 힘든 데 반해, 전자책은 판매자가 가격을 언제든지 원하는 대로 바꿀 수 있다. 꽤 높은 가격으로 설정했다가 이벤트로 전자책 가격을 할인하면 더 많은 참여자가 생기기도 한다.

활용성이 높다

전자책은 써 두면 두고두고 활용이 가능하다. 언제나 업데이트할 수 있기 때문에 ver2, ver3로 계속 이벤트에 활용할 수 있다. 높은 수준의 내용으로 업데이트해서 구매자에게 지속적으로 보내 주면 만족도를 높일 수 있다. 혹은 새로운 버전으로 출간하면서 지속적으로 수익을 높일 수도 있고, 동시에 좋은 후기가 쌓여 처음보다 좋은 가격에 판매할 수도 있다.

확장이 용이하다

내 주변에 전자책을 한 권만 출간한 사람은 없다. 한 권이 성공하면 여러 권을 쓰게 된다. 이미 익숙해진 노하우를 활용하여 지속적으로 창작이 가능하며 종이책이나 강의 등으로 확장도 가능하다. 특히 종이책을 출간하는 데 큰 도움이 된다. 200쪽이 넘는 종이책을 아무것도 없이 시작하기는 매우 어려운 일이다. 전자책으로 자료와 경험을 쌓다 보면 종이책 출간도 가능하게 된다.

자기계발이 된다

전자책도 엄연히 책이다. 책 한 권을 쓴다는 것은 결코 쉬운 일이 아니다. 스스로 공부하고 경험을 녹여내야 전자책 한 권이 나온다. 창작 과정을 거치면서 얻은 지식과 노하우는 수익과 별개로 자신에게 큰 가치가 있다. 글을 쓰는 사람은 지속적인 창작과 구조화를 경험하기에 매번 더 뛰어난 사람이 된다.

시간과 공간의 제약이 없다

전자책은 특성상 각종 스마트기기(스마트폰, 태블릿PC, 데스크톱 등)에 넣어 두고, 언제 어디에서든 수정이나 열람이 가능하다. 전자책 주제가 실용서나 기술 부분을 담고 있다면 현장에서 바로 펼쳐 실천에 옮기면서 참고할 수 있는 장점도 있다.

이는 생산자 입장에서도, 소비자 입장에서도 용이하다. 생산자 입장에서는 언제 어디에서든 파일을 열어서 쓰고 수정할 수 있다는 장점이 있다. 소비자 입장에서도 편하게 책을 읽을 수 있다는 장점이 있다. 심지어 생산자가 실시간으로 수정하고 그 수정본을 소비자가 볼 수 있는 것이다. 이런 연결성은 전자책이 가진 큰 장점이다.

전자책,
어떻게 써야 할까?

전자책을 쓰는 데 특별한 방식은 없다. 자신이 선호하는 방식으로 쓰면 된다. 주제, 분량, 형식 등 한계도 없다. 다만 전자책을 여러 권 쓰고 수십 권을 코칭한 입장에서 어떻게 쓰는 것이 초보자에게 가장 좋을지 내 생각을 정리해 보려고 한다.

나의 관심사를 써라

전자책을 잘 쓰려면 내가 현재 가장 관심 있는 것을 쓰면 된다. 잠시 사람들이 전자책을 보는 이유를 생각해 보자. 전자책은 종이책과 다르게 조금 더 실용성에 중점을 둔다. 사람들은 종이책에서는 지식을 얻길 바라고 전자책에서는 해결책을 얻길 바란다. 종이 책은 넓은 주제를 다루는 반면, 전자책은 특정 주제를 다룬다.

사람들이 어떤 문제를 해결하기 위해 전자책을 찾는다면, 애초에 작가도 어떤 문제를 해결할 수 있는 책을 써야 한다. 문제를 해결하려면 관심이 있어야 한다. 그렇기에 애초에 작가가 관심 있는 주제를 선택해야 문제를 해결할 수 있는 가능성도 높아진다.

내 첫 전자책은 『네임드 블로그가 되는 길』이다. 당시 나는 3년 동안 블로그에 글을 매일 썼고 이웃으로 4만 명을 둔 블로거였다. 내가 가장 관심 있는 부분은 블로그에 글을 쓰는 것이었고, 이런 내 관심사를 전자책으로 썼다. 내 블로그 이웃을 늘리는 이벤트에 이 책을 사용했는데 당시 4,000명 이상 신청했었다.

당장 내가 어디에 관심이 많은지 생각해 보자. 예를 들어 지금 이 책을 읽고 있다면 당신은 전자책을 쓰는 것, 종이책을 쓰는 것에 관심이 많을 것이다. 그렇다면 이 책을 다 읽고 나서 실제로 전자책을 쓰고 그 경험으로 다시 또 하나의 전자책을 쓸 수도 있을 것이다. 경험을 통해서 쓴 글이 가장 가치 있다. 특히 전자책은 그런 당신의 경험으로 더 빛날 수 있다.

또 타인에게서 전자책 주제에 대한 힌트를 얻을 수도 있다. 실생활에서 누군가가 나에게 자주 물어보는 내용은 내가 잘 아는 분야다. 내가 잘 알고 설명할 수 있기에 누군가가 나에게 조언을 구하는 것이다. 평소에 주변 사람들이 나에게 어떤 조언을 구하는지 생각해 보자. 혹은 온라인 댓글로 내 글에 어떤 질문들을 다는지 확인해보자. 댓글에서 특정 질문이 반복된다면 그만큼 수요가 있고 나에게 답이 있을 가능성이 높다.

목차를 정하고 내용을 써라

주제를 정했다면 목차를 정해야 한다. 사실 주제를 정하고 목차를 정하는 것만으로도 이미 절반의 일을 했다고 생각한다. 정말 초보라서 목차를 어떻게 정해야 할지 모르겠다면, 주변의 종이책이나 전자책에 실린 목차를 살펴보길 바란다. 나는 책을 선택할 때 가장 먼저 제목과 목차를 본다. 목차를 보면 책 내용을 상상할 수 있기 때문이다. 목차를 자주 보다 보면 어떤 목차가 좋은 목차인지 자연스럽게 알 수 있다.

주제와 목차를 정했다면 이제는 내용을 넣어야 할 차례다. 이때부터는 인내심과 싸운다고 보면 된다. 목차를 정하면 어떻게든 글은 쓰게 되어 있다. 어떤 위대한 소설가는 소설을 쓰는 방법은 첫 문장을 쓰고, 그다음 문장을 이어 쓰는 것이라고 했다. 물론 초보일수록 충분한 양으로 전자책을 쓰기는 어려울 것이다. 그때 가장 좋은 방식은 나열을 하거나 예시를 드는 것이다.

나열 방식은 앞서 소개한 '전자책 쓰기의 열 가지 장점' 부분을 참고하자. '~하는 몇 가지 방식'류의 제목과 내용 나열은 글을 구조적으로 보이게 하고 독자가 잘 이해할 수 있게 도와준다. 또 작가가 내용을 스스로 정리할 수 있다는 장점도 있다. 실제로 이 장에서 열 가지 장점을 제목으로 쓰면서 나는 열 가지를 정리하려고 노력했다. 예시를 드는 것도 좋은 방식이다. 내용을 넣고 이를 보충하는 예시를 추가하다 보면 책 내용은 풍성해질 것이다. 초보일수록 이런 나열과 예시를 자주 사용하면 좋다.

시간을 정해 두고 써라

전자책을 쓸 때 가장 주의해야 할 점은 일정한 시간 안에 쓰는 것이다. 언젠가는 써야지 하는 생각으로 전자책 쓰기를 미루거나 시간이 지나도 초반부에서 벗어나지 못하는 사람이 너무나 많다. 전자책은 1~2주 안에 끝내겠다고 생각하고 써야 한다. 예를 들어 다섯 장으로 구성한 50쪽짜리 전자책을 쓴다고 하면 실제로 쓰는 날은 5일이어야 한다는 말이다. '나는 매일 10쪽씩 다섯 장을 쓰겠어'

좋은 책은 보편성과 특수성의 결합으로 만들어진다.
보편성이란 누구나 공감하는 소중한 가치에 대한 것이다.
특수성은 내 책을 특별하게 만들어 주는 다름에 대한 것이다.
좋은 책이란 보편성을 특수성이라는 포장지로
독자에게 선물할 수 있어야 한다.

라고 다짐하고는 그렇게 5일 동안 써야 한다.

일단 쓰고 수정하라

글이 잘 써지지 않는다면 어떻게 해야 할까? 미루어야 할까? 나는 그냥 쓰기를 추천한다. 쓰면 어떻게든 쓰게 되어 있다. 우선 내용을 완성하고 퇴고 단계로 넘어가서 수정하는 것을 추천한다. 전자책 쓰기에서 가장 중요한 점은 일단 완성하는 것이다.

글을 다 쓴 뒤에는 퇴고 단계로 가야 한다. 퇴고는 정말 중요하다. 우선 형식 면에서 당신이 쓴 전자책은 오탈자는 물론 틀린 문법이 있을 것이다. 1차적으로 당신이 사용하는 문서 프로그램을 활용하여 오탈자 등을 걸러 내야 한다. 또 당신이 완성한 전자책을 최소 3명 이상에게 읽혀서 형식적인 오류를 찾아야 한다. 종이책은 출판사 편집자와 교정자가 책을 여러 번 보면서 오류를 찾아낸다. 전자책은 종이책만큼 교정 노력이 필요하지는 않지만, 최소한 여러 명에게 점검받을 필요가 있다. 나에게 안 보이는 것이 남에게는 보이는 법이다.

또 전체적인 내용을 점검해야 한다. 예를 들어 5일 동안 하루에 10쪽씩 50쪽을 썼다고 하자. 하루하루 쓴 내용을 보면 괜찮아 보여도 전체적으로 보면 내용 흐름이 어색할 수 있다. 수정이나 추가, 삭

제가 필요한 경우가 많다. 이런 과정을 거쳐 좋은 책을 한 권 만들 수 있다.

제목을 정하라

마지막으로 제목을 정해야 한다. 물론 책을 쓰기 전에 제목을 미리 생각해 두었을 수도 있지만, 이런 경우라도 제목을 다시 생각해 볼 필요가 있다. 내가 쓰고 싶었던 내용이 쓰고 나면 달라져 있는 경우도 많다. 제목은 중요하다. 제목이 책 소개의 대부분을 차지한다. 좋은 내용의 책도 나쁜 제목 때문에 팔리지 않거나 나쁜 내용의 책도 좋은 제목 때문에 팔리는 경우를 많이 보았다.

그렇다면 어떤 제목이 좋은 제목일까? 좋은 제목은 책 내용을 잘 요약하면서 독자의 호기심을 자극할 수 있어야 한다. 제목으로 책을 압축적으로 소개하고 동시에 독자의 선택을 받을 수 있게 해야 하기 때문이다. 이 두 가지를 유념해서 책 제목을 선택하면 좋겠다.

책 제목을 정하는 가장 좋은 방법은 크몽이나 작가와 등을 방문해서 잘 팔리는 전자책을 찾아보고 어떤 제목이 잘 팔리는지 연구하는 것이다. 시대에 따라 유행하는 책 제목이 다르기 때문에 현재 사랑받는 제목을 보면서 내 책 제목을 고민할 필요가 있다.

전자책을 쓸 때
유의할 점

　누구나 전자책을 쓸 수 있는 시대가 되었다. 크몽이나 작가와 등에 방문해 보면 정말 많은 사람이 전자책을 쓰고 있고 주제도 다양하다. 연애하는 법, 다이어트하는 법, 정리를 잘하는 법 등 주제가 다양하다. 대부분 작가의 개인적인 경험이 들어가기 때문에 내용이 다양하고 풍성하다.

　그러나 전자책의 범람으로 단점도 분명히 존재한다. 출판사 선택을 받고 편집자나 교정자와 함께 만들어 가는 종이책에 비해 전자책 수준은 하향 평준화의 길을 걷고 있다. 전자책을 접하고 실망한 독자가 많아지면서 대중이 전자책에 거는 기대도 점점 낮아졌다.

누구나 전자책을 쓸 수 있기 때문에 발생하는 현상이다.

전자책을 쓸 때는 일정 수준 이상을 유지하려는 노력이 필요하다. 그렇지 않으면 수준 이하의 많은 전자책 작가처럼 자신의 평판도 나빠진다. 추후 더 많은 전자책을 쓰거나 종이책 작가가 될 때 문제가 생길 수 있는 것이다.

다음 몇 가지 사항에 주의한다면 당신도 좋은 전자책을 쓸 수 있다.

참고는 하되 짜깁기는 안 된다

이미 특정한 주제를 다룬 다양한 전자책과 종이책이 있다. 내가 쓰는 책 내용을 풍성하게 하려면 타인이 쓴 책을 참조하는 것도 좋은 방법이다. 다만 기존 내용들을 참고하되 짜깁기 수준으로 하면 안 된다.

예를 들어 주제가 동일한 책 열 권을 읽고 참고했다고 하자. 내용은 풍성해질 수는 있지만 새로운 책으로서의 가치는 떨어질 것이다. 어떤 경우에도 내 관점이 높은 비중으로 들어가야 진정한 내 책이라고 할 수 있다. 내 관점을 넣는 것이 어렵다면 경험을 넣어 보

자. 내 경험은 나에게만 존재하므로 경험을 넣는 것만으로도 책을 만들 때 도움이 된다. 명심해야 할 것은 다른 책을 참고한 부분에 대해서는 출처나 근거를 명확하게 남겨 두어야 한다.

일정 분량을 확보하라

전자책은 분량에 기준이 없다. 크몽이나 탈잉 등에서는 보통 20~30쪽이라는 기준이 있지만, 자체 웹 사이트에서 판매하거나 작가와 등을 이용할 때는 따로 분량에 기준이 없다.

종이책도 기준은 없지만, 시중에 판매되는 종이책 분량은 최소 200쪽, 평균 250쪽 이상이면 된다. 독자가 기대하는 분량이 있는 것이다. 전자책도 독자의 기대를 충족해야 한다. 분량이 책의 질을 의미하지는 않지만 일정 분량은 저자의 노력과 수준을 보여 주기 때문이다. 개인적으로 전자책도 50쪽 이상을 유지하길 추천한다(종이책의 ¼~⅕ 수준).

문법 오류와 오탈자를 잡아라

시중에 있는 전자책은 많은 문법 오류, 오탈자 등이 있다. 종이책은 출판사 편집자나 교정자가 붙어 여러 번 문법 오류, 오탈자 등을 확인한다. 하지만 혼자서 작가, 편집자, 교정자 역할을 해야 하는 전자책 특성상 오류가 다수 발생할 수 있다.

책에 있는 문법적 오류 등은 저자와 책의 신뢰성을 떨어뜨린다. 교정할 때 꼼꼼하게 살펴보아야 하고 주변 사람들의 도움을 받아야 한다. 최소 3명 이상 지인에게 교차 검증해서 최대한 오류를 줄여야 하며, 전문 교정인에게 따로 외주를 의뢰하여 확인하는 것도 좋은 방법이다. 내가 쓴 글의 오류를 내가 찾아낸다는 것은 생각보다 쉽지 않다.

홍보를 미리 생각하라

많은 작가가 책을 출간한 뒤 홍보를 생각한다. 그러면 이미 늦다. 하루에도 전자책 수십 권, 수백 권이 시중에 쏟아져 나오는데, 홍보하지 않는다면 내가 쓴 전자책이 선택받을 가능성은 엄청 낮다. 책이 출간되면 한 달, 빠르면 일주일 안에 흥망성쇠가 결정된다. 출판 시장은 생각보다 빠르게 움직인다.

나는 '인플루언서 작가'를 지향한다. 전작 『부를 끌어당기는 글쓰기』에서도 블로그 등으로 인플루언서가 되는 방법을 우선적으로 이야기했다. 전자책도 내 블로그 글을 바탕으로 해서 내는 것이 가장 이상적이다. 사전에 이미 팬을 확보할 수 있기 때문이다. 그 전에 미리 꾸준한 온라인 글쓰기로 팬을 확보할 필요가 있다.

내 주변에는 전자책 출간으로 베스트셀러에 오른 사람이 많다. 대부분 블로그 등에서 이미 팬을 확보한 사람들이다. 인지도가 없는 사람이 자신의 전자책을 홍보하기란 매우 어려운 일이다.

전자책,
어떻게 판매해야 할까?

전자책을 쓰는 간단한 방식은 한글, 워드, 구글 문서 등을 사용하여 글을 쓰는 것이다. 전자책을 쓰는 목적이 자료 보관용이나 지인 몇 명과 나누는 용도일 수도 있다. 하지만 불특정 다수를 대상으로 한 배포 및 판매가 목적이라면 저작권을 확보하고 공신력을 얻을 수 있는 ISBN 발급이 필요하다.

ISBN은 International Standard Book Number의 약어로 국제 표준 도서 번호를 의미한다. 대한민국 국민이 출생 신고를 하고 주민 등록 번호를 부여받듯이, 모든 책도 신고를 하고 ISBN을 발급받는다. 출간되는 책마다 고유 번호를 붙여서 구분하는 것이다. 인터넷

국립중앙도서관에 방문해서 신청하면 된다.

ISBN은 출판사만 발급받을 수 있다. 출판사와 함께 일을 한다면 출판사가 대신 ISBN을 발급받아 주지만, 전자책을 출간한다면 내가 출판사가 되어야 한다.

출판사 창업은 간단하다. 다음 절차대로 진행하면 되고 비용도 크게 들지 않는다.

■ 출판사를 창업하는 방법
  ❶ 출판사 이름 결정
  ❷ 출판사/인쇄사 검색 시스템에서 중복 이름이 있는지 검사
  ❸ 구청에 출판사 등록
  ❹ 사업자 등록(온라인으로 가능)
  ❺ 사업자 통장 발급

이 절차대로 진행하면 된다. 이를 진행하는 데 1~2주면 충분하다. 비용은 면허세 2만 7,000원 이외에는 거의 들지 않는다. 더 자세한 내용은 인터넷 검색을 활용하자. 이 과정을 거쳐 누구나 출판사를 창업할 수 있다.

이제 ISBN을 발급받는 절차를 확인해 보자.

■ ISBN을 발급받는 방법
  ❶ 국립중앙도서관 회원 가입(구청에서 받은 출판사 신고 확인증 필요)
  ❷ 온라인 교육 이수(10분 정도 소요)
  ❸ 발행자 번호 신청(출판사 고유 번호)
  ❹ 도서별 ISBN 신청
  ❺ 도서 정보 ISBN 조회 및 바코드 다운로드

ISBN을 신청하면 2영업일 이후 등록 확인 이메일을 받을 수 있다. ISBN과 함께 바코드와 QR 코드도 발급받는다. 더 자세한 내용은 인터넷 검색을 활용하자.

출판사를 등록하는 것이 귀찮거나 직장에서 겸업 금지 등으로 힘든 상황이라면 ISBN 등록을 대행해 주는 곳을 이용할 수도 있다. 예를 들어 유페이퍼와 작가와 같은 웹 사이트를 이용하면 무료나 1,000원 정도의 낮은 비용으로 ISBN을 발급받을 수 있다.

ISBN을 발급받은 책은 어떻게 유통할 수 있을까? 다음 세 가지 방식으로 유통시킬 수 있다.

내 플랫폼 이용

내 플랫폼이란 네이버 블로그, 네이버 스마트 스토어, 내 홈페이지, X나 인스타그램 등 SNS를 의미한다. 기본적으로 전자책도 상품이기 때문에 고객을 만날 수 있는 어떤 곳이든 시장이 형성되어 있다.

예를 들어 네이버 블로그를 이용하는 방법은 이웃들에게 책정된 가격으로 판매하는 것을 의미한다. 배송비도 별도로 들지 않는다. 고객이 댓글로 전자책을 신청하고 내가 댓글로 파일 링크를 보내주면 바로 거래가 성사되는 것이다. 네이버 스마트스토어에서 판매하는 것도 효율적이다. 이 경우 수수료는 거의 들지 않거나 최대 10% 이내로 보면 된다.

재능 공유 사이트 이용

각종 재능 공유 사이트를 이용할 수도 있다. 크몽이나 탈잉 등에 등록해서 판매하는 것이다. 크몽과 탈잉 등에서 판매할 때 수수료는 대략 20% 정도가 적당하다. 하지만 이런 웹 사이트의 문제는 웹 사이트 내에서 경쟁이 매우 치열하다는 것이다. 전자책 및 강의가 수십 건씩 등록되어 있어 웹 사이트 내에서 홍보가 잘되지 않는다면 노출이 쉽지 않다. 참고로 ISBN이 있는 책은 크몽에 올릴 수 없다.

전자책 출판사 이용

전자책 출판사인 작가와나 유페이퍼 등에 전자책을 등록하고 오프라인 서점을 통해 유통하는 방식이다. 종이책 유통에 가장 가까운 방식으로 작가와나 유페이퍼가 출판사 역할을 대신해 준다고 보면 된다. 판매된다면 주요 서점의 온라인 순위에 책이 올라가기 때문에 정식 출간이라는 공신력이 생기지만 수수료가 30~40% 정도로 재능 공유 사이트에 비해서 높다.

세 가지 방식 중 어떤 방식을 선택할 것인지는 개인의 상황이나 목적에 따라 다를 것이다. 수익이 가장 큰 목적이라면 나만의 플랫폼을 사용하는 것이 좋다. 강의와 연결하고 싶거나 재능 공유 사이트에서 활동하는 중이라면 크몽이나 탈잉도 좋은 선택이다. 정식으로 전자책 작가가 되고 싶다면 전자책 출판사를 통하는 것이 제일 좋은 방법이다. 중요한 점은 어떤 방식이든 일단 하라는 것이다. 무엇이든 시도해야 비로소 내 것이 된다. 알아만 보고 고민만 하면 절대로 내 것이 되지 않는다.

전자책 출간 후
해야 할 일

전자책을 출간한 뒤에도 해야 할 일들이 있다. 책은 출간하고 끝나는 것이 아니라 지속적으로 관리가 필요하다. 전자책 출간은 작가의 삶을 시작하는 것이지 끝이 아니다. 전자책 작가의 90%는 100권도 판매하지 못한다. 전자책 출간을 나의 미래를 위해 활용하는 것도 중요한 일이다.

후기를 관리하자

후기는 중요한 역할을 한다. 내 전자책을 출간한 뒤 초반에 달린 후기는 내 책 신뢰도의 상당 부분을 결정한다.

초반에 달린 후기 한두 개는 반드시 긍정적이어야 한다. 초반 후기들을 관리하는 가장 좋은 방법은 지인이나 팬에게 부탁하는 것이다. 내 책을 교정한 지인에게 솔직한 후기를 써 달라고 이야기한다. 옆에서 내 노력을 본 지인이라면 후기를 우호적으로 써 줄 것이다. 지인이 후기를 써 주는 것이 양심에 걸릴 수도 있지만, 지인은 후기를 쓰지 말아야 한다는 법도 없다. 양심에 걸린다면 이 책 교정을 도왔고 좋은 책이라고 아주 솔직하게 후기를 써 줄 수도 있을 것이다.

더 좋은 방법은 이벤트를 하는 것이다. 내 플랫폼이 있다면 이벤트를 진행하기가 쉬울 것이다. 예를 들어 내 책을 구매하고 후기를 쓰면 커피 쿠폰을 주거나 책 가격의 50%를 돌려주는 방식이다. 이 방식은 책을 판매하고 좋은 후기를 유도할 수 있어 좋다. 이 정도 이벤트는 누구나 하는 서평 마케팅이니 적당한 수준으로 한다면 문제가 없을 것이다.

실제로 판매가 일어난다면 그 이후로는 다양한 후기가 달릴 것이다. 여기부터는 내 책의 경쟁력에 달려 있다. 이 단계가 되면 지인과 이벤트를 활용하지 말자. 후기는 초반에 관리하는 것이지 그 이후에는 관리할 필요가 없다. 냉정한 평가가 있어도 그대로 받아들이자. 다음 전자책을 출간하는 데 도움이 되는 의견이 많을 것이다.

다음 전자책을 시작하자

　내가 자주 하는 말이 있다. 한 권도 안 쓴 사람은 있어도 한 권만 쓴 작가는 없다. 전자책을 쓰다 보면 생각보다 쓰는 것이 어렵지 않고 나에게도 매우 유익하다는 것을 알게 된다. 그러면 대부분 다음 책을 준비하게 된다.

　내 주변에는 전자책을 한 권 쓴 뒤 6개월 동안 4권을 더 쓴 작가도 있다. 전자책을 쓰는 것도 요령을 알면 쉽다. 누구나 처음이 있고, 처음이 지나고 나면 다음번은 더 쉬워지는 법이다.

　전자책을 출간한 뒤에는 많은 생각이 들 것이다. 어떤 부분은 스스로가 대견하고 어떤 부분은 아쉬울 것이다. 좋은 후기나 나쁜 후기를 보면서 많은 생각을 했을 것이다. 홍보가 충분했다고 생각할 수도 있고, 홍보가 부족했다고 생각할 수도 있다.

　이런 깨달음은 다음 책을 위해 사용해야 한다. 전자책 출간 뒤 일정 시간이 지나면 더 이상 그 책을 위해 내가 할 수 있는 일은 없다. 그러면 이제는 다음 책을 준비할 시간인 것이다. 그렇게 전자책을 쓰는 작가의 삶을 시작하는 것이다.

전자책 작가의 권위를 활용하라

별것 아니라고 생각할 수 있지만, 작가라는 직업은 여전히 의미가 있다. 종이책 작가에게 더 높은 권위를 주겠지만 전자책 작가도 그렇게 흔한 것은 아니다. 이제는 나를 전자책 작가라고 소개하기 시작해야 한다.

블로그, X, 스레드, 인스타그램, 페이스북 등을 사용하는가? 그러면 그런 플랫폼의 대문이나 자기소개란에 나를 전자책 작가로 소개하자. 전자책 내용도 적어 놓자. 사람들이 나를 작가로 인식하게 된다면 신뢰도는 높아질 것이다.

블로그를 한다면 반드시 네이버 인물로 등록해야 한다. 네이버 인물로 등록되면 누군가 내 아이디를 검색했을 때 가장 먼저 노출시켜 준다. 내가 공개한 정보가 공유되고 내 책과 SNS를 소개할 수 있다. 이런 장치를 통해 나를 더 효과적으로 홍보할 수 있다.

네이버 인물로 등록하기 위해서는 유명인이어야 하는데, 카테고리 중 하나는 ISBN이 있는 책을 출간한 작가다. 전자책을 출간하고 ISBN을 발급받았다면 네이버 인물 등록이 가능하다.

■ 네이버 인물 등록 예시

전자책이
만드는 변화

독자 350여 분을 모시고 『부를 끌어당기는 글쓰기』 출판 기념 북콘서트를 했다. 콘서트가 끝나고 사인회를 하는데 한 어머님이 초등학생 자녀와 함께 사인을 요청하시며 책 한 권을 꺼내셨다. 초등학생 자녀가 쓴 책이었다. 초등학교 3학년 남자아이가 작가와를 통해 전자책을 출간했고, 이를 출력해서 제본한 것이다. 스무 권을 제본했는데 그중 한 권을 나에게 주고 싶다고 하셨다.

책을 건네는 어린아이 얼굴에서 뿌듯함이 엿보였다. 그 아이는 이미 작가였다. 50쪽 정도 되는 책에는 아이가 쓴 동화 네 개가 수록되어 있었다. 집에 돌아와서 검색해 보니 작가와를 통해 출간된 책이 교보문고 등에 유통되고 있었다. 높은 순위를 기록하는 것은 아니지만, 이미 후기가 다섯 개 달려 있을 정도로 누군가에게 사랑을 받고 있었다. 그 아이가 특별한 아이라서 작가가 되었을까? 아니다. 나는 누구나 조금의 열정과 노력이면 작가가 될 수 있다고 생각한다.

나와 함께 블로그 등에서 소통하는 사람 중에 전자책을 출간한 사람만 30여 명이다. 그들은 하나같이 전자책을 출간함으로써 인생이 바뀌었다고 말한다. 전자책 작가라는 자부심과 함께 글을 쓰는 삶을 더 좋아하게 되었다고 한다.

블로그에서 무료 이벤트로 책을 나누어 주면서 블로그 이웃을 늘리는 강력한 마케팅 효과를 보았다. 작가와나 크몽 등에서 유통하며 적지 않은 수익도 올렸다고 한다. 또 출판사와 계약을 하게 되어 이제는 종이책을 쓰는 작가가 될 것이라고 말한다. 무엇보다 앞서 이야기했듯이 네이버 인물 등록이 가능하다.

로버트 치알디니가 쓴 『설득의 심리학』에는 설득을 위한 여섯 가지 법칙이 들어 있다. 그중에는 권위의 법칙과 사회적 증거의 법칙이 있다. 권위란 특정 권위를 가짐으로써 가치를 높이는 것이며, 사회적 증거란 사회적인 증거를 보여 줌으로써 가치를 높이는 것이다. 전자책은 강력한 권위와 사회적 증거를 만든다. 예를 들어 의사가 되면 의사 자격증으로 권위를 만들고 학위와 진료 행위를 하면서 사회적 증거를 만든다. 전자책 작가도 마찬가지다. 정식 작가가 되면서 권위를 만들고 내 책이 알려지면서 사회적 증거도 만들게 되는 것이다.

나도 첫 책을 쓰기 전에는 전자책만 한 권 출간했다. 종이책을 쓰는 것은 나에게 너무 생소한 일이었기에 전자책으로 먼저 도전한 것이다. 이 전자책은 블로그 이벤트를 함으로써 내 블로그 이웃을 늘리고 인지도를 높이는 도구로 사용되었다. 4,000명이 넘는 사람들이 이 책을 선택했고, 이벤트를 하면서 더 많은 사람에게 알려진 것이다.

전자책에 수많은 장점이 있지만 가장 큰 장점은 결국 작가의 삶을 시작할 수 있게 한다는 것이다. 나도 그랬고 내 주변의 많은 사람이 그랬다. 어린아이도, 나이 든 사람도, 경험이 많거나 적은 사람도 누구나 어떤 주제를 가지고 전자책을 쓸 수 있다. 전문가가 아니라면 전자책으로 전문가의 길을 걸을 수 있고, 전문가라면 전자책을 쓰면서 더 큰 권위와 사회적 증거를 부여받을 수 있을 것이다.

가끔 사람들이 이렇게 쉽고 큰 가치가 있는 전자책을 왜 쓰지 않는지 궁금하다. 누구나 가 보지 않은 길은 어렵다. 대부분은 낯선 것이지 어려운 것이 아니라고 생각한다. 익숙해지면 쉬워지는 것이 그 증거다. 아무나 전자책을 출간할 수 없다고 지레짐작하는 사고방식을 누구나 전자책을 출간할 수 있다는 것으로 바꾸어야 한다.

전자책이 대중화되면서 누구나 작가가 될 수 있는 시대가 열렸다. 앞으로는 1인 1책 시대가 될 것이다. 누구나 작가가 되고 누구나 지식 생산자가 되는 시대다. 그 시대를 기다리지만 말고, 내가 먼저 작가가 되어 보자. 내 생각과 경험을 알리고 내 책으로 도움받을 누군가를 만난다는 것은 정말 설레는 일이다.

I

3장

종이책을 출간하자

종이책을 출간하는 방식은 크게 두 가지다. 자비 출판과 기획 출판이 그것이다. 자비 출판은 내가 비용을 지불하고 출판하는 것으로 제작, 유통, 홍보 등에 들어가는 모든 비용을 내가 지불하는 방식이다. 기획 출판은 출판사와 계약하여 관련된 비용은 출판사에서 지불하는 방식이다.

이 책에서 자비 출판은 다루지 않는다. 내가 비용을 들여서하는 것은 전자책 영역과 비슷하고, 전자책을 쓴 작가라면 이제는 기획 출판으로 정식 작가의 삶에 도전해야 하기 때문이다. 물론 자비 출판도 작가가 되는 하나의 방식임을 부정하지 않는다. 하지만 기획 출판이 작가가 되는 가장 확실하고 좋은방법이기에 이를 중점으로 소개하려고 한다.

출판사를
만나자

작가는 글을 쓰는 사람이다. 출판사는 그 외의 모든 역할을 하는 곳이다. 출판사는 작가에게 조언자와 편집자 역할을 한다. 작가 대신 홍보를 담당하고 인쇄를 하고 서점들과 계약한다. 출판 시장에서 출판사 역할은 매우 중요하다고 볼 수 있다. 초보 작가일수록 더욱 그러하다.

물론 처음 책을 쓰는 사람으로서 출판사와 계약한다는 것이 쉽지는 않다. 출판사도 수익이 중요하기에 당연히 팔리는 작가, 팔리는 책과 계약하고 싶을 것이다. 그렇기에 아무것도 증명되지 않은 초보 작가가 계약을 따내기란 매우 어려운 것이 현실이다.

출판사가 원하는 작가

출판사가 어떤 작가를 원하는지 사전에 파악할 필요가 있다. 나는 그동안 출판사 미팅을 경험하면서 출판사, 특히 편집자가 어떤 사람을 원하는지 파악할 수 있었다. 출판사는 최소 2쇄를 찍어 줄 작가를 원한다. 1쇄는 보통 2,000부 정도 찍는데, 1쇄를 못 넘긴 책이 90% 정도 된다. 2쇄를 찍었다는 것은 어느 정도 수익이 창출되었다는 의미다. 출판사도 하나의 기업이고 편집자도 직장인이기에 수익은 중요한 기준이 된다.

그렇다면 출판사는 어떻게 신인 작가가 2쇄를 찍어 줄 것이라고 확신할 수 있을까? 첫 번째는 블로그나 유튜브를 통해 이미 기존 팬층을 보유한 경우다. 기존 채널의 규모나 팬들의 충성도에 따라 몇 쇄가 가능한지 미리 가늠할 수 있다는 것은 정말 큰 장점이다. 두 번째는 채널은 없어도 원고가 탄탄하고 신뢰성을 줄 수 있는 경우다. 이런 작가는 팬층이 별로 없다고 하더라도 홍보 등을 통해 반응을 꾸준히 끌어올릴 수 있다. 물론 이 두 가지를 모두 지닌 신인 작가가 제일 환영받을 것이다.

신인 작가로 한정했지만, 기존 작가로 넓힌다면 당연히 전작의 판매 실적이 영향을 미칠 것이다. 전작들이 모두 몇 쇄를 돌파했거나 베스트셀러에 올랐다면 편집자의 선택을 받기 쉬울 것이다. 신인 작가라도 전자책 출간 이력이 있다면 신뢰를 높이는 데 도움이 될 것이다. 전자책 내용과 판매 결과가 레퍼런스가 될 것이다.

작가도 부익부 빈익빈이 심하다. 어떤 작가는 1년에 출판사 수십 곳에서 러브콜을 받지만, 어떤 작가는 수십 곳에 연락해도 계약을 얻지 못한다. 출판사는 이런 사실을 누구보다 잘 알고 있기에 더욱 신중하게 작가를 선택하게 된다.

나와 맞는 출판사를 찾아라

작가 또한 좋은 출판사를 찾아야 한다. 모든 출판사는 각자 스타일이 있다. 꼼꼼한 스타일도 있고, 창의적인 스타일도 있고, 경제/경영 전문도 있고, 문학 전문도 있을 것이다. 아무래도 내 부족한 점을 채워 주고, 내 분야에 해당하는 책을 다수 출간한 출판사와 함께 일을 하는 것이 도움이 된다.

내가 처음 만난 출판사는 나의 첫 원고를 그대로 출간하길 바랐다. 나는 내 원고가 많이 부족하다고 생각했지만 출판사는 괜찮다고 했다. 그날 만난 다른 출판사는 지금은 원고가 많이 부족하지만 이런저런 부분을 보충하면 될 것이라고 했다. 나는 나중에 만난 출판사와 계약했고, 그렇게 첫 책 『부의 통찰』은 첫 원고와는 많이 다른 책이 되었다. 그리고 나는 그 결과에 만족한다. 지금 생각하면 첫 원고는 정말 많이 부족했고, 내가 그 수준에 만족하지 않았기에 독자에게 부끄러운 작가가 되지 않았다.

기준이 높은 출판사가 있고 기준이 낮은 출판사가 있다. 첫 출간이라고 그 자체에 의미를 두면 안 된다. 아니 오히려 첫 출간이기에 기준을 낮추면 안 된다. 첫 책이니 어떻게든 쓰고 다음부터 잘 써야겠다고 생각하면 안 된다. 독자 수천 명이 당신의 책을 읽을 텐데 한번 망친 이미지를 복구하는 것은 매우 어려운 일이다. 처음부터 완벽할 수는 없겠지만, 최선을 다해 좋은 책을 써야 한다. 물론 그 최선은 매번 요구된다.

출판사를 만나기 전
준비물 세 가지

블로그 이웃이 1만 명을 넘어서던 2021년 어느 날, 나는 종이책을 출간해야겠다고 결심했다. 인터넷으로 방법을 찾았고, 출간 계획서와 샘플 원고가 필요하다는 것을 알게 되었다. 나는 출판 계획서와 샘플 원고를 써서 출판사 30여 곳에 이메일을 보냈다.

투고를 하기 위해서는 출판사 이메일 주소가 필요하다. 여기에서는 출판 계획서 및 샘플 원고 작성 방법, 출판사 이메일 주소를 선별해서 얻는 방법을 소개한다.

출판 계획서 작성

출판 계획서는 출간 기획서, 원고 제안서, 집필 계획서 등으로도 불린다. 이 책에서는 출판 계획서로 용어를 통일한다. 출판 계획서는 기본적으로 나와 내 원고를 출판사에 소개하는 문서로 이해하면 된다. 출판 계획서는 사업으로 치자면 사업 파트너에게 사업을 제안하는 중요한 문서라고 볼 수 있다.

출판사는 저자의 성공 가능성을 믿고 출판 계약을 한다. 1쇄도 제대로 팔리지 않을 작가와 계약하는 출판사는 별로 없을 것이다. 따라서 출판 계획서는 나를 잘 모르는 출판사에 내 책이 많이 팔릴 수밖에 없는 이유를 설명하는 문서라고 보면 될 것이다.

출판 계획서에는 기본적으로 다음 정보를 포함해야 한다.

■ 출판 계획서에 들어가야 할 정보
  ❶ 저자의 이름, 연락처, 이메일이 포함된 개인 정보
  ❷ 책의 제목: 가제라도 제목을 미리 만들어 둔다. 단 집필이 끝난 뒤 제목이 바뀔 가능성이 높다.
  ❸ 저자 소개: 저자의 경력 사항, 학력, 저서, 주요 활동 등 소개
  ❹ 출판 분야: 자기계발, 경제/경영, 문학, 수필 등 분야 소개

❺ 집필 의도: 책을 집필하게 된 이유나 배경을 적는다.

❻ 책 소개: 책 내용을 간단하게 설명한다.

❼ 타깃 독자 설정: 책을 읽을 주요 독자층을 설명한다.

❽ 경쟁 도서 분석: 집필하려는 책과 비슷한 책을 두세 권 선정하고 공통점과 차별점을 기록한다.

❾ 홍보 계획: 출판사가 손해를 입지 않을 수준 이상의 홍보 계획을 세운다.

❿ 목차: 200~300쪽 정도의 간결하고 명확한 목차를 설정한다.

물론 이외에 필요하다고 생각되는 정보를 더 넣어도 좋다. 출판사에 이메일로 제안하는 것이므로 내 소개와 어떤 책인지 명확하게 알 수 있는 정보를 모두 넣는 것이 좋다. 인터넷 검색을 하면 많은 출판 계획서 양식이 있으니 자신이 편한 양식을 선택하고 이 정보들을 모두 포함해서 작성해 보자.

샘플 원고 작성

출판 계획서만으로는 부족하다. 목차 중에서 세 개 이상을 선택하여 샘플 원고를 써야 한다. 샘플 원고는 많으면 많을수록 좋다. 초고를 완성한 단계라면 더 좋을 것이다. 샘플 원고 세 개는 최소한의 기준으로 보면 좋다. 출판사가 출판 계획서에서 좋은 인상을 받았더라도 샘플 원고를 보지 못한다면 어떤 책이 될 것인지 상상하기 힘들다. 출판사는 작가가 출판 계획서대로 실행에 옮길 수 있는 필력과 능력이 되는지 샘플 원고로 판단할 수 있다.

출판사 이메일 주소 얻기

출판사에 투고하려면 출판사 이메일 주소가 필요하다. 내가 출판사에 첫 책을 투고했던 방법을 기록할 테니, 참고하여 자신에게 맞는 방법을 선택하길 바란다. 처음 책을 출간하는 입장에서는 최대한 많은 출판사에 이메일을 보낼 필요가 있다. 출판 경험이 없는 저자를 선택할 가능성은 낮기 때문에 최대한 많은 곳에 도전해야 한다.

2021년 당시, 인터넷에서는 출판사 이메일 정보를 구할 수 있었다. 크몽 등을 통해 몇천 원에 출판사 이메일 주소 수백 개를 간편하게 구매할 수도 있었다. 하지만 이렇게 구한 정보는 다음과 같은 문제가 있을 것이라고 판단했다. 첫째, 어떤 출판사가 유능한지 판단할 수 없다. 둘째, 어떤 출판사가 나에게 맞는 전문 분야인지 알 수 없다. 셋째, 어떤 출판사가 지금도 활발히 활동하는지 알 수 없다.

그래서 나는 서점에 가서 직접 이메일 주소를 구하는 방법을 선택했다. 가까운 서점에 방문한 뒤 자기계발 코너의 책들에서 이메

당신이 마흔이라면 잘 되었다.

지금 이 책을 읽는 것이 당신 삶에 전환점이 될 것이다.

당신이 20~30세라면 지금부터 준비하는 행운을 얻었다.

글쓰기는 빠르게 시작하면 좋다.

당신이 50~60세라도 아직 늦지 않았다.

대한민국의 평균 수명은 이제 80세가 넘어간다.

당신이 은퇴를 한 60세 이상이라도 좋다.

노년기에 쓰는 글은 당신이 겪은 많은 경험과

이야기가 담겨 있기에 더 풍성할 것이다.

내 결론은 이렇다. 40세라도 좋고 아니어도 좋다.

내 글을 쓰기 시작하자.

일 주소를 사진으로 찍었다. 나는 자기계발 분야의 책을 출간하려 했고, 서점에 놓여 있는 책은 대부분 베스트셀러이거나 활발히 활동하고 있는 출판사 책이기에 유효했다. 그렇게 30여 곳의 이메일 주소를 얻은 뒤 집에 돌아와 출판 계획서와 샘플 원고를 보냈다.

이때 한 가지 유의할 점은 대형 출판사와 중·소규모 출판사의 투고 방식이 다르다는 것이다. 대형 출판사는 운영하는 웹 사이트에서 원고 접수가 가능하기에 별도의 수고가 든다. 반면 중·소규모 출판사는 이메일로 보내면 되므로 대량으로 발송할 수 있다. 대형 출판사가 품이 더 들기는 하지만 포기하기 힘드니 웹 사이트 원고 접수와 이메일 발송을 동시에 진행했다.

출판 계획서가 설득력이 있고 샘플 원고가 좋다면 출판사에서 바로 답변이 올 수도 있다. 하지만 보통 출판사에서 검토하는 기간은 짧게는 며칠, 길게는 한 달 이상이 걸린다. 아예 아무 답변이 없는 곳도 절반이 넘는다. 거절하는 이메일도 많을 것이다. 하지만 포기할 필요 없다. 30여 군데 보내서 반응이 없으면 더 많은 곳에 보내면 될 것이고, 그래도 안 된다면 출판 계획서와 샘플 원고를 다시 쓰면 될 것이다. 계속 도전한다면 반드시 나에게 맞는 출판사를 만날 수 있을 것이다.

출판사 입장에서 가장 중요한 것은 책 판매량일 것이다. 냉정하게 내 책이 2쇄 이상 판매 가능한지, 출판사에 수익을 안겨 줄 수 있는지 고민해야 한다. 나는 블로그에서 꾸준히 글을 쓰고 있었기에 5,000부 정도는 판매 가능하다 생각했고, 실제로 출간 한 달 만에 5,000부 판매를 기록했다. 한 달 안에 5,000부 판매가 가능한데 계약을 마다할 출판사는 별로 없을 것이다. 5,000부면 출판사도 손익분기점을 충분히 넘기 때문이다. 출판사의 입장을 고려할 수 있는 저자만이 출판사 선택과 신뢰를 받을 수 있을 것이다.

출판사 미팅,
어떻게 할 것인가?

당신의 출판 계획서와 샘플 원고를 마음에 들어 하는 출판사가 있다면 이후에는 미팅을 하게 된다. 가능한 많은 출판사와 미팅하길 추천한다. 내가 할 수 있다고 할 수 있는 것도 아니고, 미팅한다고 꼭 출간이 약속되는 것도 아니기 때문이다. 또 그 출판사와 출간하지 않더라도 미팅을 하면서 배우는 점들이 있다. 나에게도 적지 않은 미팅 경험이 출판 시장을 이해하는 데 도움이 되었다.

출판사와 미팅한다고 너무 긴장하거나 떨 필요 없다. 편집자마다 다르겠지만, 한 편집자가 1년에 출간하는 책이 10권 남짓 된다. 한 권 한 권이 소중하다는 이야기다. 당신이 구상하고 있는 책이 마음에 들지 않으면 편집자는 절대 당신을 만나지 않는다. 그렇기 때문에 자신감을 가지고 나가면 좋다.

출판사에 신뢰를 주어라

성공적인 미팅을 위해서는 다음 두 가지를 생각해야 한다. 편집자가 좋아하는 작가는 책을 많이 팔 수 있는 사람이라는 것이다. 우선 출판사의 손익 분기점을 넘겨 주는 사람이어야 한다. 그래야 편집자도 출판사 승인을 받을 수 있고, 향후 자신의 커리어에도 도움이 되기 때문이다. 또 신뢰를 주는 사람이어야 한다. 원고를 끝까지 마칠 수 있고, 그 이후에도 홍보 등에 진지하게 임할 수 있는 사람이라는 인상을 받아야 한다.

따라서 미팅에서는 이 두 가지를 내가 어떻게 충족시켜 줄 수 있는지 어필해야 한다. 예를 들어 나는 첫 책을 블로그를 통해 홍보할 수 있다는 점과 블로그를 2년 동안 꾸준히 쓴 성실함을 어필했다. 최근 그 편집자와 다시 이야기를 나누어 보았는데, 내 예상대로 그런 부분들이 좋았다고 이야기했다. 나는 지금 그 출판사와 세 번째 책을 쓰고 있다.

출판사를 선택하는 법

처음이라고 할지라도 나 역시 출판사를 선택해야 한다. 세상에는 출판사가 수만 개 있고, 나에게 맞는 출판사도 있지만 맞지 않는 출판사도 있기 때문이다. 이에 몇 가지 팁을 적어 본다.

우선 내가 출간하는 분야를 전문으로 하는지가 중요하다. 내가 자기계발 책을 쓰는데 수필 전문이거나, 내가 소설을 쓰는데 수험서 전문이라면 애초에 뽑힐 가능성도 높지 않고 잘못된 조언을 받을 수도 있다. 출판사는 내공과 경험이 있어 자기가 잘하는 분야에서 더 잘할 수밖에 없다.

또 편집자 역량도 중요하다. 책은 내가 쓰는 것이지만, 모든 부분에 편집자가 크고 작은 영향을 미친다. 편집자와 모든 면에서 비슷하다면 새로운 것을 끄집어 낼 수 없을 것이고, 편집자와 모든 면에서 다르다면 진도를 나갈 수 없을 것이다. 조금은 다르지만 서로 배려하고 공감할 수 있는 그런 사이가 좋은 것 같다.

이외에 출판사의 규모와 역량 등도 함께 고려해야 한다. 인세도 잘 결정해야 한다. 초보 작가로서 8~10% 정도 인세를 받는다면 잘 받는 것이다. 유명 작가라도 10%를 넘는 경우는 거의 없다고 보면 된다. 또 인세를 무조건 높게 받는다고 좋은 것은 아니다. 예를 들어 출판사가 저자에게 높은 인세를 지불하면 마케팅 비용이 남지 않아 공격적으로 마케팅을 할 수 없을 것이다.

나는 작가가 되면서 많은 작가와 출판사 관계자를 알게 되었다. 내 이름이 알려지면서 여러 출판사에서 제안을 받았다. 어떤 출판사는 대면으로, 어떤 출판사는 이메일로 소통했다. 출판사들을 알아 가면서 느낀 점은 세상에는 많은 출판사가 있고 저마다의 스타일이 있다는 것이다. 나에게 맞는 출판사를 만나는 것도 행운이지 싶다. 그것은 출판사 입장에서도 마찬가지다.

종이책 쓰기는
이렇게 시작하라

종이책을 쓰는 다섯 가지 방식을 정리해 본다. 여러 방식이 있겠지만 이제부터 소개할 다섯 가지가 책 출간에 가장 좋은 방식이라고 생각한다.

방식 1. SNS에 글을 쓰는 것

내가 가장 선호하고 장점도 많은 방식은 SNS를 활용하는 것이다. 블로그 등에 꾸준히 글을 써서 이를 묶어 책으로 출간하는 방식이다.

예를 들어 『부의 통찰』은 내가 블로그에 부의 습관, 부의 생각, 부의 통찰 카테고리에 올린 글들을 엮어서 낸 것이다. 과거의 좋은 글들을 넣기도 했지만, 어느 순간부터는 책을 출간한다는 생각으로 블로그에 글을 썼다.

이 방식은 크게 두 가지 장점이 있다. 첫째, 매일 꾸준히 조금씩 쓸 수 있다는 것이다. 이는 매우 큰 장점이다. 이렇게 100일을 쓰면 꼭지가 100개 생긴다. 100일 동안 책을 엮을 수 있는 분량을 만든 것이다. 둘째, 팬을 미리 확보할 수 있다는 것이다. 100일 동안 내가 쓴 글을 읽고 좋아해 주는 팬이 생길 것이다. 내 팬이 된 사람들은 향후 내가 쓴 책을 구매하고 주변에 소개해 주는 소중한 자산이 될 수 있을 것이다.

방식 2. 전자책으로 시작하는 것

처음부터 종이책을 출간하기는 어렵다. 평균 250쪽 정도가 되는 책을 쓴다는 것은 초보 입장에서는 상당히 어려운 일이다. 그래서 전자책으로 시작하길 추천한다. 전자책은 분량에 제한이 없고 형식도 자유로운 편이다.

나도 종이책을 출간하기 전에 전자책을 두 권 출간했다. 그때 한 경험이 종이책을 출간하는 데 도움이 되었다. 무엇이든 작게 시작하는 것들이 큰 성취로 이어지는 법이다.

방식 3. 다른 책을 모방하는 것

좋은 책을 쓰는 데 내 생각만으로는 한계가 있다. 내가 쓰는 책의 분야와 주제로 성공한 책이나 좋아하는 책을 5~10권 정도 선정하여 읽어 보면서 내용과 방식 등을 배워야 한다. 책에는 다양한 인용이 등장한다. 권위 있는 책, 유명한 책의 한 부분을 인용하거나 참고하는 것은 내가 쓰는 책을 풍성하게 만드는 좋은 방법이다. 물론, 인용을 할 경우 출처를 남겨야 하고, 저작권에 대해서도 명확히 이해를 해야 할 것이다.

방식 4. 내 삶을 쓰는 것

내 삶이 책이 되는 것이 가장 이상적이다. 과거 『나는 빠리의 택시 운전사』라는 책이 인기를 끈 적이 있다. 실제로 파리에서 택시 운전을 하는 사람이 쓴 책이다. 한때는 『7막 7장』이라는 책이 대한민국을 강타했다. 그 책은 홍정욱 님의 치열한 하버드 공부 자서전이다. 『나는 희망의 증거가 되고 싶다』는 책도 한때 큰 인기를 끌었다. 서진규 님의 미국 이민 성공기다. 이처럼 내 삶을 스토리로 만드는 것이 가장 강력하다. 그런 책이 사람의 마음을 움직일 수 있다.

모든 사람이 흥미로운 삶을 살지는 않을 것이다. 하지만 내 삶 속에도 흥미로운 장면들은 있다. 내 삶이 그리 흥미롭지 않더라도 나와 같은 고민, 나와 같은 좌절을 한 사람은 있을 것이다. 크든 작든 내 스토리를 책에 넣을 수 있어야 한다. 그것이 좋은 책을 만든다.

방식 1~4를 모두 섞는 것

눈치챘을지 모르지만, 앞서 소개한 방식 중에서 하나만 선택할 필요는 없다. 나는 방식 1~4를 모두 사용한다. 방식 1~2를 주로 사용하여 첫 책을 출간했고, 지금 이 책을 쓸 때는 방식 3~4를 주로 사용한다. 의식적으로 방식 3보다는 방식 4를 더 많이 넣으려고 노력하고 있다. 방식 4, 즉 내 고유한 생각과 경험이 많을수록 좋은 책이 된다고 생각한다.

좋은 책은 보편성과 특수성의 결합으로 만들어진다. 보편성이란 누구나 공감하는 소중한 가치에 대한 것이다. 특수성은 내 책을 특별하게 만들어 주는 다름에 대한 것이다. 좋은 책이란 보편성을 특수성이라는 포장지로 독자에게 선물할 수 있어야 한다. 이를 위해 앞서 소개한 방식을 사용해 보자. 혹은 나에게 맞는 방식을 찾는 것도 좋다.

6개월 만에
책을 출간하는 방법

　책 한 권을 출간하는 데 어느 정도 시간이 걸릴까? 오랜 시간 집필하면 좋은 책을 만들 수 있을까? 짧은 시간에 집필을 완성하는 것이 좋을까? 이것에는 다양한 의견이 있고, 정답은 없다. 하지만 일반적인 책이라면 6개월 정도가 적당할 것이다. 물론 본업이 바쁘다면 시간이 더 걸릴 수도 있지만, 길어질수록 단점도 명확하다.

　책의 주제와 제목을 결정하고 출판 계획서나 샘플 원고를 쓰는 단계는 사전 준비 단계로, 실제로 책을 쓰는 기간에 넣지 않겠다. 여기부터 시작으로 치면 1~2개월을 추가해야 할 것이다. 나는 이 단계를 지나서 순전히 원고를 첫 페이지부터 끝까지 쓰고 출간 준비까지 마치는 이상적인 기간을 6개월이라고 생각하는 것이다.

6개월은 다시 처음 3개월과 그다음 3개월로 나눌 수 있다. 처음 3개월은 주로 작가의 시간이고 그다음 3개월은 편집자의 시간이다. 그렇다고 파트너가 그 시간 동안 아주 일을 하지 않는 것은 아니지만, 시간대별로 각자의 시간이 존재한다.

작가의 시간

처음 3개월은 작가가 책 한 권을 250쪽 정도로 완성하는 것을 의미한다. 왜 3개월일까? 우선 하루에 일정하게 쓴다고 했을 때 평균적으로 그 정도 시간은 필요하기 때문이다. 3개월이면 100일 정도인데 하루에 2~3쪽 정도 쓰는 셈이다. 그 정도는 작가로서 최소한으로 설정할 수 있는 기간이다. 그렇다면 3개월 이상이 걸리면 어떨까? 책을 쓸 때 기간이 늘어나면 집중력이 흐트러진다. 이 경우 진도가 계속 밀리거나 끝내 책을 포기하게 된다.

내가 잘 아는 주제를 쓰거나 내 강의나 SNS 등을 활용한다면 원고를 완성하는 데 3개월까지 필요하지 않을 수도 있다. 나는 두 번째 책의 초고를 쓰는 데 1개월이 걸렸다. 지금 이 책의 초고도 2개월이 걸리지 않을 것이다. 물론, 생소한 주제를 선택한다면 더 많은 시간이 필요할 것이다. 어떤 경우든지 3개월 안에 초고를 완성하겠다는 각오와 집념이 필요하다.

편집자의 시간

3개월 이후에는 주로 편집자의 시간이다. 원고를 교정하는 것이다. 원고 교정은 매우 중요한 작업이고, 이는 원고를 쓰는 것만큼 중요한 일이다. 헤밍웨이는 "모든 초고는 쓰레기다."라고 이야기했다. 과장해서 말했겠지만, 그만큼 초고는 많은 수정이 필요하다. 후반 3개월 중 2개월 정도는 편집 과정을 거치는 기간이다. 출판사가 세부 내용의 수정 및 변경에 대한 조언을 작가에게 해 주는 시기다. 그 이후 2주 정도는 출판사 쪽에서 교정 작업에 들어가고, 그다음 2주 정도는 인쇄 과정을 거친다.

편집은 매우 지루한 작업이다. 편집자가 의견을 내고 작가가 이를 통해 원고를 수정하는 작업은 때로는 혼자서 작업하는 것보다 더 힘이 든다. 의견을 받아 내가 수정하고, 때로는 내가 편집자를 설득해야 할 때도 있다. 하지만 출간하고 나면 편집자와 협업하여 더 좋은 책을 만들었음을 알게 될 것이다. 편집자는 내가 미처 생각하지 못한 영역에서 내 책을 더 좋게 만들어 준다.

마지막으로 교정을 이야기하고 싶다. 책을 출간하면 생각보다 오탈자가 많다는 사실에 놀랄 것이다. 나와 편집자와 교정자가 함께 작업했음에도 오탈자가 다수 생긴다. 책의 방대한 양을 생각하면 이는 어쩔 수 없는 일이다. 그럼에도 최대한 오탈자를 잡도록 노력해야 한다.

첫 책인 『부의 통찰』에는 오탈자가 생각보다 많았다(2쇄에서 수정했다). 이 부분이 부끄러워 교정에 더 노력한 끝에 두 번째 책인 『부를 끌어당기는 글쓰기』는 오탈자가 한 개 나왔다(아직까지 내가 모르고 있을 수도 있다). 이 책은 얼마나 나올까? 아주 없을 수는 없겠지만, 작가에게는 오탈자를 모두 잡겠다는 마음가짐이 중요하다.

출간 후 한 달이
모든 것을 좌우한다

책을 쓰게 되면 무엇이 중요할까? 나는 좋은 책을 쓰는 것이 50%, 책을 많은 사람에게 알리는 것이 50%라고 생각한다. 책 내용이 좋지 않다면 많은 독자가 읽더라도 소용없다. 아니 책 내용이 좋지 않다면 많은 사람이 읽을수록 오히려 마이너스가 될 것이다. 반대로 책 내용이 아무리 좋아도 사람들이 읽지 않는다면 그 또한 소용없다.

좋은 책을 집필하고 출간하기까지는 50%의 역할을 한 것이다. 출간 이후에는 그 책을 알리는 홍보를 진행해야 한다. 이름이 알려진 작가는 홍보에 유리할 것이다. 어떤 책을 출간하든 자연스럽게 알려질 가능성이 높다. 하지만 이름이 알려지지 않은 작가, 특히 그런 작가의 첫 책은 홍보 없이는 알려지기가 힘들다.

내 주변에도 처음으로 책을 내는 사람이 많다. 내 베이스가 블로그이다 보니 블로그 출신의 작가들이 탄생하고 성장하는 과정을 많이 지켜보았다. 그런데 블로그 출신 작가들이 공통적으로 가지는 문제가 있다. 정성스레 책을 써서 출간했지만, 홍보의 중요성은 출간 이후에 생각하는 것이다. 책을 썼지만 정작 책을 알릴 수 있는 방법이 없어 발만 동동 구른다. 출판사에 미안하기도 하고, 고생해서 쓴 책으로 이름과 수익도 얻어야 하는데 판매되지 않으니 조급해진다. 그제서야 홍보의 중요성을 깨닫는 것이다.

나도 종이책을 두 권 출간하면서 출간 후 첫 한 달의 중요성을 깨달았다. 한 달에 출간되는 책만 수만 권일 것이다. 하루에도 수백 권이 출간된다. 내 책이 하이라이트를 받을 수 있는 시간은 길어야 한 달이고, 짧게 잡는다면 일주일 만에 승부가 갈린다. 그렇기에 초반 한 달 동안 홍보에 집중해야 하고, 사실 이 홍보는 출간하기 전부터 충분히 준비되어 있어야 한다.

첫 책 『부의 통찰』은 출간 4일 만에 베스트셀러 Top 100에 올랐고, 일주일 정도가 지나자 전체 51위를 기록했다(예스24 기준). 두 번째 책인 『부를 끌어당기는 글쓰기』는 출간 3일 만에 베스트셀러 Top 100에 올랐고, 일주일 정도가 지나자 전체 29위를 기록했다(예스24 기준). 이후 급격하게 혹은 완만하게 순위가 내려갔지만 초반 순위는 저절로 나를 모르는 대중에게 책을 홍보해 주는 역할을 했다. 아무래도 대중은 순위권에 있는 책에 더 많은 관심을 기울인다.

처음 한 달을 잡기 위해 내가 가진 여러 채널에서 홍보 이벤트를 진행했다. 블로그, X, 인스타그램, 스레드 등에 신간을 알렸고, 북콘서트 초청권을 책에 넣는 등 이벤트를 개최하여 초기 구매율을 높이려고 노력했다. 한 달이 지나면 작가의 시간도 끝난다. 한 달 뒤에는 책 홍보와 판매를 위해 내가 더 이상 할 수 있는 일이 없다.

이제 와서 돌이켜 보면 다양한 책 유튜브 채널에 출연해서 인터뷰를 하면 좋았을 것 같다. 어떤 것들은 지나고 나서야 깨닫게 된다. 그리고 그 인터뷰들은 사실 출간 전부터 미리 일정을 잡았어야 했다. 촬영을 하고 유튜브에 올라가게 되는 데 최소 몇 주가 소요되기 때문이다.

이렇듯 홍보를 위해서는 사전 준비가 필요하다. 내가 탈고하고 출판사에서 최종 편집과 인쇄에 들어가기 전에 한 달 가량의 기간이 있다. 그 기간이 출판사가 책을 실물로 준비하는 시간이라면, 작가에게는 홍보를 준비하는 시간이라고 생각하면 좋다.

물론 꼭 베스트셀러가 될 필요는 없다. 스테디셀러가 어떤 의미에서는 더 중요하다. 내 홍보력이 부족해서 책이 초반에 알려지지 않더라도 좋은 책은 입소문을 타고 널리 퍼져 결국은 스테디셀러가 될 수도 있다. 하지만 초반에 강력한 홍보로 순위권에 오르는 것이 내 책을 위한 최고의 홍보라는 사실은 변하지 않을 것이다.

책을 출간하면 추천사가 필요할 것이다. 필수는 아니다. 하지만 내가 쓰는 분야의 권위 있는 분에게 추천사를 받으면 책 신뢰도 높이고 홍보에 도움이 될 수 있다. 평소에 교류가 있는 사람에게 추천사를 받을 수 있다면 좋겠지만, 그렇지 않다고 해도 요청해 보길 바란다. 진심으로 요청하고 책 내용이 충분히 좋다면 당신에게 추천사를 써 줄 것이다.

종이책 출간으로
달라진 삶

이제 출간 후에 생기는 즐거운 일들을 이야기해 보려고 한다. 출간 후에는 내가 예상했던 혹은 예상하지 못했던 여러 가지 좋은 일들이 생긴다.

작가가 된다

우선은 내가 작가가 된 것을 실감하게 된다. 책을 출간하기 전까지는 작가를 준비하는 것이라 아무도 나를 작가라고 부르지 않는다. 하지만 책을 출간하고 사람들이 작가라고 불러 주기 시작하면 비로소 작가라는 것이 실감이 난다(사실 처음에는 작가라는 말을 들어도 실감이 잘 안 난다). 작가라는 정체성은 내가 주는 것이 아니라 타인이 주는 것이다. 이렇게 나에게 붙은 작가라는 정체성은 내가 계속 책을 쓰는 데 힘이 된다.

책이 어느 정도 알려졌다면 그때부터 다양한 제의가 들어온다. 나도 첫 책을 출간한 뒤 출판사 4~5군데에서 제의를 받았다. 신기한 것은 책을 출간하기 전에는 직접 출판 기획서와 샘플 원고를 쓰고 제안해야 했지만, 이제는 출판사에서 먼저 콘셉트를 갖고 나에게 제안한다는 것이다. 그동안 많은 제안을 받았고, 이제는 내가 출판사를 선택할 수 있는 입장이 되었다.

영향력이 생긴다

내 플랫폼에도 내 책을 읽은 사람들이 유입되기 시작했다. 블로그와 X, 스레드 등에 "팬이에요.", "책 잘 읽었어요."라는 댓글이나 후기를 남기며 이웃을 신청하면서 내 채널도 성장이 가속화되었다. 채널이 양적으로 성장하는 부분도 있지만, 질적으로 성장하기도 한다. 채널이 질적으로 성장하면 내 글이 공유될 확률이 높아지기에 이는 또 다른 양적 성장으로 이어진다.

내 사회적 영향력도 높아진다. 그 전에는 블로그와 X에서 글을 쓰는 사람이었다면 이제는 작가이면서 블로그를 운영하는 사람, 작가이면서 X에 글을 쓰는 사람이다. 크든 작든 간에 내 글 하나하나에 권위가 실리기 시작한다.

강연자가 된다

두 번째 책을 출간한 뒤에는 특히 강의 요청이 많았다. 첫 책이 자기계발서에 가깝다면 두 번째 책은 실용적인 기술서에 가깝다. 그 이유 때문인지 대한민국 최고의 강사 플랫폼에서 등록 신청이 왔다. 또 수십 명, 수백 명 규모의 강연자로 요청을 받았고, 대학 강의 요청도 들어왔다. 책을 쓴다는 것은 강연자로서 선택받을 수 있는 근거가 되는 것 같다. 강의 요청자도 강연자가 작가가 아니라면 블로그 작가나 그의 직업 등으로 소개해야 하는데, 그때는 상대적으로 권위가 떨어지기 때문이다.

또 북콘서트 등 이벤트도 하게 된다. 나도 두 번째 책을 출간한 뒤 100명 규모와 350명 규모로 두 번 오프라인 강연을 진행했다. 2~3시간 강연하고, 참석한 분들을 위해 사인회를 진행했다. 많은 사람 앞에서 강연을 하고, 한 분 한 분을 만나 내 책에 사인을 하는 것은 아주 특별한 경험이었다. 이런 특별한 경험은 해 보지 않으면 모를 것이다. 당신의 이야기를 들어 주는 사람들이 있다는 것, 그런 사람들이 이렇게 많다는 것은 당신에게 자긍심과 함께 형용할 수 없는 힘과 에너지를 준다.

커뮤니티를 운영한다

나는 인플루언서 작가의 성장을 돕는 '더 퍼스트'라는 커뮤니티를 운영하고 있다. 회원 300~500여 명이 나와 함께하고 있다. 이런 커뮤니티를 운영하는 데도 작가라는 신분이 큰 도움이 되었다. 내 책을 접하고 이 커뮤니티에 들어오는 사람이 많다. 책을 출간하는 것은 내 사업을 알릴 수 있는 중요한 도구가 된다.

다른 작가와 친교를 나눈다

다른 작가들과도 교류할 수 있다. 책을 쓰면서 추천사를 요청하기 위해 만난 작가도 있고 나에게 추천사를 요청한 작가도 많다. 지금까지 추천사를 다섯 번 정도 썼다. 이런 과정을 거치며 작가 인맥을 얻을 수 있었던 것도 책을 쓰면서 얻을 수 있었던 수확 중 하나다.

인세 수익이 생긴다

끝으로 인세 수익이 있다. 책 출간으로는 큰 수익을 거둘 수 없다는 말을 많이 들었다. 이는 사실이다. 작가가 받는 인세는 높은 경우에도 10% 정도에 불과하고, 대부분은 출판사나 서점 등에 할당된다. 하지만 책을 1만 권 판매하면 책 정가 2만 원을 기준으로 인세 수익이 2,000만 원 정도 생긴다(물론 책 1만 권 판매는 정말 어려운 일이다). 책이 절판되지 않는다면 몇 년이 흘러도 판매는 계속된다. 첫 책인 『부의 통찰』은 2년이 지난 지금도 판매가 이어지고 있다. 내 책의 판매가 계속 이어지고 책을 꾸준히 쓴다면 적지 않은 수익으로 연결될 수 있을 것이다.

출간 한 번으로
끝이 아니다

책을 한 번도 안 쓴 사람은 있어도 한 번만 쓴 사람은 없다. 실제로도 그렇다. 내 주변에는 50권 이상을 쓴 다작 작가도 있고, 3~4권 정도 쓴 블로그 출신 작가도 있다. 간혹 한 권을 쓴 작가도 있지만, 나는 그들이 평생 동안 다시는 책을 쓰지 않을 것이라고 생각지 않는다.

왜 그럴까? 가장 명확한 이유는 책을 쓴다는 것은 그 고생과 노력에 비해 훨씬 큰 보상을 주기 때문이다. 앞서 언급했듯이 책을 통해 나를 알릴 수 있고, 내 사회적 권위를 높일 수 있고, 여러 플랫폼에서 연락을 받을 수 있고, 인세 수익을 거둘 수 있다. 앞서 언급하

당신이 책을 쓰려고 한다면, 반드시 누군가를 위한 마음으로 써야 한다.

그렇다고 너무 거창하게 생각할 필요는 없다.

우리는 살아가면서 누군가의 작은 조언, 작은 생각이

큰 도움이 되었다고 느낄 때가 많다.

거창한 조언, 거창한 생각보다 작은 것들이 오히려 더 도움이 될 때가 있다.

누군가를 위한 마음만 담겨 있다면 당신의 경험, 생각, 조언은 대단하지 않아도 된다.

누군가를 대단히 위하는 마음으로 소박하지만 진실된 자신의 마음을

당신의 책에 담길 바란다.

지 않았지만, 자아 실현 측면에서도 책쓰기는 강력하다. 내 이름과 생각, 경험을 알리는 일은 내가 사회에 기여하고 있다는 강력한 자아 실현의 동력이 된다.

책을 한 권 쓰고 나면 자연스럽게 다음 책 주제가 떠오른다. 나는 『부의 통찰』에서 주식, 부동산, 부업, 글쓰기 등을 강조했다. 직장인이 제2의 삶을 준비할 수 있는 다양한 투자들을 정리해 두었다. 나는 책을 쓰고 난 뒤 이 중에서 글쓰기라는 주제에 집중하고 싶었다. 주식과 부동산, 부업 같은 주제는 내가 충분히 잘할 수 있는 분야가 아니라고 생각했다. 나보다 더 전문가라고 할 수 있는 사람이 많았다.

하지만 글쓰기는 지난 4년 동안 내가 꾸준히 해 온 분야다. 특히 온라인 글쓰기 경우에는 누구보다 경험이 많고 잘할 수 있었다. 그래서 자연스럽게 두 번째 책인 『부를 끌어당기는 글쓰기』라는 글쓰기 중심의 책을 쓰게 된 것이다.

두 번째 책을 출간한 이후에는 지금 당신이 읽고 있는 이 책의 주제로 글을 쓰고 싶었다. 자신의 SNS에 글을 쓰며 채널을 키운 다음에는 책을 써야 한다고 생각했기 때문이다. 나는 지금 그런 길을 걷고 있고, 독자들도 이를 궁금해 할 것이라고 생각한다. 그래서 자연스럽게 세 번째 책을 쓰게 되었다.

당신도 그럴 것이다. 첫 책을 출간하고 나면 분명히 많은 생각이 들 것이다. 어떤 주제로 책을 쓰고 싶다고 생각할 것이다. 혹은 독자들의 피드백이나 요청을 받아 책을 쓰고 싶을 것이다. 그러면 자연스럽게 의식의 흐름은 다음 책으로 이어지고 어느새 두 번째 책을 쓰고 있는 자신을 발견할 것이다. 그렇게 반복하다 보면 결국 당신은 작가의 길을 걷고 있을 것이다.

앞 장에서 언급했듯이, 출판사에서 여러 요청이 올 것이다. 나도 여러 출판사에서 여러 주제로 요청을 받았다. 이제는 출판사가 먼저 나에게 '이런 책을 같이 써 보는 것은 어떨까요?' 하고 제안한다. 물론 이는 내 책이 1쇄를 넘어 3쇄 이상 팔리고, 어느 정도 능력을 인정받은 경우에 해당할 것이다. 하지만 분명 무명일 때와 비교해서 높은 인지도를 얻었을 것이며, 이는 나에게 여러 선택지를 주었다. 내가 존경하는 한 작가는 출판사에서 제안을 너무 많이 받아서 그것을 거절하는 비서를 별도로 두었다고 한다.

내가 가장 좋아하는 삶은 '삶이 글이 되고, 글이 삶이 되는 것'이다. 내가 살아가면서 생각하고 경험하고 느끼는 모든 것이 나만의 책을 만든다. 그리고 내가 쓰는 글처럼 나는 살아간다. 우선 종이책을 써 보자. 종이책을 쓰는 것이 어려우면 전자책으로 시작하자. 그것도 어려우면 블로그 등에 한 줄 쓰는 것부터 시작하자. 천리길도 한 걸음부터 시작한다. 당신이 온라인에 올린 한 줄 한 줄이 시간이 지나 당신을 수많은 책을 쓰게 하는 작가로 만들 것이다.

이렇게 작가가 된 나는 당연히 네 번째 책도 쓸 것이다. 나에게는 생각나는 여러 주제가 있다. 나의 일상과 관련된 잔잔하고 따뜻한 글들을 모아 에세이를 쓰고 싶기도 하다. 특정 분야에서 특정 성과를 보이는 사람들을 인터뷰한 뒤 인터뷰 모음 책을 내고 싶기도 하다. 이 모든 과정이 정말 즐거울 것 같다.

나는 왜 이런 생각을 하게 되었을까? 블로그에 글을 쓰기 시작했기 때문이고, 종이책을 출간해 보았기 때문일 것이다. 그러면서 글쓰기의 즐거움과 효용을 알게 되었기 때문이다. 누구에게나 작은 시작이 있다. 당신도 그런 시작을 작게 시도해 보기 바란다.

I

4장

좋은 책은 어떻게 쓰는가

책을 출간할 때 가장 중요한 점은 좋은 책을 쓰는 것이다. 홍보도 중요하지만 작가로서 본질은 좋은 글을 쓰는 것이다. 좋은 책이란 무엇인가? 좋은 책이란 술술 읽을 수 있는 책이자 도움이 되는 책이자 감동을 주는 책이다. 4장에서는 어떻게 하면 좋은 책을 쓸 수 있는지 함께 고민해 보자.

쉽게
읽을 수 있게 쓴다

좋은 책은 쉽게 읽을 수 있는 책이다. 읽기 어려운 책은 좋은 책이 아니다. 말을 잘하는 사람은 듣는 사람의 수준에 맞추어서 잘 이해할 수 있도록 말하는 사람이다. 어려운 단어와 표현으로 말하는 사람은 말을 잘하는 사람이 아니다.

나도 처음부터 이렇게 생각한 것은 아니다. 블로그에 글을 처음 쓸 때는 최대한 있어 보이려고 노력했다. 어려운 단어와 표현을 쓰고 알려지지 않은 사례를 인용하여 최대한 지식이 많고 생각이 깊은 사람인 양 보이도록 노력했다. 이는 인간의 본능 같은 것이다. 하지만 이렇게 쓴 글에 사람들은 공감하지 않았다. 공감도 댓글도 조회 수도 높지 않았다.

그러다 어떤 날은 시간이 충분하지 않아서, 또 어떤 날은 내 이야기를 하고 싶어서 평소보다 힘을 빼고 솔직하게 적었다. 그런데 웬일인가? 공감과 댓글이 평소보다 2~3배 많았다. 이런 일이 몇 번 반복되자 사람들이 어떤 글을 읽기 원하는지 알 수 있었다. 사람들은 쉽게 쓴 글, 솔직한 글을 읽고 싶어 한다.

첫 책을 쓰면서 이미 책을 출간한 선배 작가에게 "중학교 2학년도 이해할 수 있게 책을 써야 한다."라는 조언을 받았다. 유명한 말이라고 했다. 왜 하필 중학교 2학년인지 지금도 이해할 수 없다. 아무튼 어린 학생들도 이해할 수 있도록 쉬운 글을 써야 한다는 말은 나에게 큰 도움을 주었다. 첫 책을 쓰고 블로그 글이나 다음 책을 쓰면서 최대한 읽기 쉽게 쓰려고 노력했다. 그래서 많은 사람이 "부아c님의 글과 책은 읽기 쉬워요."라고 하는지도 모르겠다.

어릴 때는 유명한 책이라고 하면 어려워도 읽어야 한다는 강박이 있었다. 쉽게 읽히지 않는 책이 좋은 책이라는 이상한 선입견도 있었던 것 같다. 내 수준이 아직 낮아서 책을 읽는 것이 힘들다는 자책도 했다. 하지만 지금은 반대로 생각한다. 읽기 쉬워야 정말 좋은 책이고 잘 쓴 책이다. 최고의 강사는 쉬운 말과 표현으로 많은 대중에게 사랑받는 것처럼 말이다.

내가 그랬듯이 대다수는 이런 버릇이 있다. 평소 말을 할 때는 쓰지 않는 표현과 단어를 글에 쓰는 것이다. 평소에 쓰는 말과 다른 말을 글로 쓰면 여러 문제가 발생한다. 가장 큰 문제는 솔직하게 글을 쓸 수 없고, 인위적이고 작위적인 글이 만들어진다는 것이다. 그런 글은 매력적이지 않다.

말하듯이 쓰는 글이 제일 좋은 글이다. 말하듯이 쓴 글이 읽기가장 쉽고 편한 글이다. 어떻게 하면 말하듯이 글을 쓸 수 있을까? 이를 연습하는 가장 좋은 방법은 생각나는 대로 쓰는 것이다. 이를 위해 시간을 정해 두고 내 생각을 써 내려가는 것이 좋다. 시간이 정해져 있기 때문에 내 생각을 솔직하게 가감 없이 써 내려갈 수있다.

예를 들어 나는 블로그에 글을 쓸 때는 15분 글쓰기를 한다. 블로그에 1,000자 정도 글을 쓰는데 15분간 1,000자를 써 내려가는 것이다. 어떤 글을 쓸지 고민하는 시간과 글을 수정하는 시간은 제외한다. 글의 내용과 구성을 생각한 상태에서 15분간 생각나는 대로 글을 써 내려가는 것이다. 이렇게 쓰다 보면 가장 솔직하고 나다운 글을 쓸 수 있다. 이후 5분간 수정을 하고 제목을 정하면 약

20분 만에 좋은 블로그 글이 하나 완성된다.

초고를 쓰는 것도 마찬가지다. 주제와 구성을 계획한 뒤에는 매일 일정하게 글을 써 내려간다. 이때 많은 생각을 하기보다는 내 생각을 가감 없이 써 내려가는 것이 중요하다. 이런 글쓰기의 장점은 솔직하게 내 생각을 쓸 수 있는 것이고, 단점은 문법적 오류, 구성적 오류, 내용적 오류 등이 자주 생길 수 있는 것이다. 이런 오류들은 매 장을 쓰거나(작은 구성), 매 부를 쓰거나(큰 구성), 책을 완성한 뒤 수정할 수 있다. 빠르게 글을 쓰고 꼼꼼하게 퇴고하는 방식이 살아 있는 내 생각을 생생하고 단단하게 쓸 수 있는 가장 좋은 방법이다.

능력이 없는 사람이 어렵게 쓴다. 능력이 있는 사람은 읽기 쉽게 쓴다. 공감 능력이 떨어지는 사람은 어렵게 쓴다. 공감 능력이 높은 사람은 읽기 쉽게 쓴다. 능력이 있고 공감하는 사람은 읽기 쉽게 쓸 수 있는 법이다.

다만 명심해야 할 점이 있다. 쓰는 행위는 가볍게 하되 생각하는 행위는 무겁게 해야 한다. 평소에 깊게 생각하고 그것을 글로 쓰는 데 시간을 많이 투자해야 한다. 그래서 위대한 작가나 철학자는 쓰는 시간보다 생각하는 시간이 더 길다. 대가들에게 가장 중요한 것은 쓰는 시간이 아니라 쓰기 위해 생각하는 시간이다. 그러니 읽기 쉽게 글을 쓰려면 가볍게 생각하는 것은 피해야 한다. 좋은 책이란 깊은 생각을 읽기 쉽게 쓴 것이다.

누군가를 위하는
마음으로 쓴다

현명한 사람은 늘 상대방 입장에서 생각하려고 노력한다. 우리는 책을 쓰기 전에 먼저 사람들은 왜 책을 읽는지 고찰할 필요가 있다. 누군가는 책을 읽음으로써 어떤 도움을 얻으려고 한다. 재미를 얻는 독서도 하지만 독서의 주된 이유는 책을 통해 어떤 지혜나 지식을 얻어 자신의 삶을 더 나은 방향으로 이끌고 싶기 때문이다.

따라서 작가는 누군가에게 도움이 되고자 하는 강렬한 욕망이 있어야 한다. 앞서 '읽기 쉽게 써야 한다'고 이야기한 것도 이런 측면에서 이해할 수 있다. 읽기 어려운 글은 독자들이 많이 읽지 않으므로 작가는 읽기 쉽게 써야 한다. 이는 누군가에게 도움이 되고

자 하는 마음이 있기 때문에 자연스럽게 생길 수 있는 노력이기도 하다.

첫 책인 『부의 통찰』은 20~30대 직장 초년생이 부를 어떻게 바라보면 좋은지 내가 경험한 바를 쓴 책이었다. 내 경험과 생각이 그들에게 도움이 될 수 있다는 마음으로 썼다. 두 번째 책인 『부를 끌어당기는 글쓰기』는 4년간 꾸준하게 온라인에 글을 쓰면서 내가 얻은 즐거움과 효용을 독자가 느끼길 바라는 마음으로 썼다.

지금 당신이 읽고 있는 이 책은 평범한 사람도 전자책이나 종이책을 출간할 수 있다는 마음가짐으로 이를 돕기 위해 쓰고 있다. 누군가를 위하는 마음은 강력해서 상대방에게 전달될 수밖에 없다고 본다. 나의 이런 좋은 마음이 좋은 책을 만들 것이다.

책에 누군가를 위한 마음을 담지 않으면 그 책은 그저 자신의 지식이나 권위를 과시하는 것에 지나지 않는다. 가끔 정치인이 자신의 업적을 높이거나 기념회 등 이벤트를 하려고 책을 출간하는 것을 본다. 모두 그렇지는 않겠지만, 가끔 그저 자신의 치적을 높이는 어렵고 진실을 알기 힘들게 쓴 글을 보면서 이런 책은 이해관계가 얽힌 사람 이외에는 읽기 힘들 것 같다고 생각했다. 누군가를 위한 마음을 담은 책과 자신만을 위한 책은 다르다.

당신이 책을 쓰려고 한다면, 반드시 누군가를 위한 마음으로 써야 한다. 그렇다고 너무 거창하게 생각할 필요는 없다. 우리는 살아가면서 누군가의 작은 조언, 작은 생각이 큰 도움이 되었다고 느낄 때가 많다. 거창한 조언, 거창한 생각보다 작은 것들이 오히려 더 도움이 될 때가 있다. 누군가를 위한 마음만 담겨 있다면 당신의 경험, 생각, 조언은 대단하지 않아도 된다. 누군가를 대단히 위하는 마음으로 소박하지만 진실된 자신의 마음을 당신의 책에 담길 바란다.

책 구성도 그러하다. 내가 편한 방식, 내가 원하는 방식이 아니라 독자가 편한 방식, 독자가 원하는 방식으로 책을 구성해야 한다. 나도 책을 쓰는 도중, 심지어 책을 완성한 뒤에도 몇 번씩 다시 읽어본다. 목차나 구성을 바꾸면 독자가 더 이해하기 쉬울지도 모르기 때문이다. '어떻게 하면 독자가 가장 쉽게 이해할 수 있을까?', '어떤 정보를 독자는 제일 궁금해 할까?'를 고민하면서 쓴 책은 티가 난다. 독자를 위해 작가가 한 고민은 반드시 독자에게 전달된다.

가상의 독자를 상상하면서 글을 쓰는 것도 좋은 방법이다. 『부의 통찰』은 20대 후반 사회 초년생 A, 혹은 과거의 나를 떠올리면서 썼다. 그에게 필요한 내용과 정보를 담으려고 노력했다. 두 번째 책인 『부를 끌어당기는 글쓰기』는 30대 중반 직장인, 혹은 SNS를 모르던 시절의 나를 떠올리면서 썼다. 직장에서 5~10년 정도 일한 직장인이 직장 이외에 온라인 명함을 만들 수 있는 현실적이고 효과적인 방법을 적었다. 이 책도 마찬가지다. 내가 쓴 첫 번째 책과 두 번째 책을 읽은 30대 중·후반 직장인을 상상하면서 이 책을 쓰고 있다.

당신이 책을 쓸 때는 이 책을 읽으면 좋을 주요 타깃 독자가 있었을 것이다. 이는 주로 나이대로 나눌 수 있을 것이고, 혹은 직종이나 성별로 구분할 수도 있을 것이다. 그에 맞는 가상의 독자를 구체적으로 상상하면서 글을 쓴다면 조금 더 타깃 독자를 위해 세심하게 글을 쓸 수 있을 것이다.

글쓰기란
곧 삶쓰기다

"쓰려면 피로 써라." 내가 좋아하는 니체의 명언이다. 그런데 피로 쓴다는 것은 어떻게 쓰는 것일까? 우리는 손가락으로 자판을 두드리며 글을 쓰거나 펜으로 종이에 글을 쓴다. 손가락이나 펜이 아닌 피로 쓰는 것은 어떤 것일까? 피는 보통 생명을 의미한다. 그래서 많은 사람이 이를 피를 쏟을 정도의 열정 혹은 치열함을 나타내는 표현으로 생각한다. 하지만 니체는 열정 혹은 치열함 이상을 말하고 있다.

앞서 말했듯이 나는 니체가 '피'를 통해 말하고자 하는 바는 '자신의 경험'이라고 생각한다. 앞서 언급한 『차라투스트라는 이렇게

책은 나의 창조물이다.

기본적으로 책은 내 경험, 내 이야기를 쓰는 것이다.

내 경험과 스토리가 들어가지 않은 책은 생명이 없다.

내 삶의 역사가 들어간 글, 내 경험을 녹여 피로 쓴 글은 생명력이 있다.

우리는 생명력이 있는 글을 써야 한다.

말했다』 제1부 중 '읽기와 쓰기에 대하여'에 나오는 니체의 말을 다시 보자.

> "일체의 글 가운데서 나는 피로 쓴 것만을 사랑한다.
>
> 쓰려면 피로 써라. 그러면 너는 피가 곧 넋임을 알게 될 것이다.
>
> 다른 사람의 피를 이해한다는 것은 쉬운 일이 아니다.
>
> 그래서 나는 게으름을 피워 가며 책을 뒤적거리는 자들을 미워한다."
>
> — 니체

게으름을 피워 가며 책을 뒤적거리는 것은 책만 읽고 행동하지 않는 행위를 말하는 것이다. 자신이 직접 경험하고 그런 자신의 체험과 삶을 그대로 담은 글이 곧 피로 쓴 글이다. 많은 사람이 글만 잘 쓰려 하고, 여러 정보와 자료를 취합하여 인용하고 편집하는 데 더 익숙하다. 물론 책을 쓸 때는 그런 일이 필요하기는 하다. 하지만 니체는 자신의 경험이 들어가지 않으면 그 책은 의미가 없다고 이야기한다. 자신의 끈끈한 체험이 담긴 붉은 피의 잉크로 쓴 글이야말로 진정한 글이라고 말한다.

이 책을 쓰기 위해 글쓰기 관련 책을 몇 권 읽었다. 많은 책에서 참고가 되는 같은 주제의 책을 읽고, 내용을 끌어내어 취합하고 인용하고 편집하고 참고하라고 강조한다. 고상한 말로 참고라고 했지만 거친 말로는 베끼라는 것이다. 좋은 책을 참고해서 큐레이션하면 좋은 책을 만들 수 있다. 이런 방식은 부정할 수 없고, 저작권을 지키는 범위에서 인용은 책을 쓸 때 도움이 된다.

하지만 책을 쓸 때 이미 출간된 정보를 큐레이션하는 방식은 한계가 있을 수밖에 없다. 이는 마치 니체가 이야기하는 '게으름을 피워 가며 책을 뒤적거리는' 행위이기 때문이다. 책은 나의 창조물이다. 기본적으로 책은 내 경험, 내 이야기를 쓰는 것이다. 내 경험과 스토리가 들어가지 않은 책은 생명이 없다. 내 삶의 역사가 들어간 글, 내 경험을 녹여 피로 쓴 글은 생명력이 있다. 우리는 생명력이 있는 글을 써야 한다.

피로 쓴 글, 즉 자신의 삶을 쓰는 글이 가장 좋은 글이라면, 글쓰기는 곧 삶쓰기라고 할 수 있다. 나는 작가로서 가장 이상적인 삶은 삶이 글이 되고 글이 삶이 되도록 살아가는 것이라고 생각한다. 나는 그런 삶을 살고 싶다. 나는 작가라는 호칭이 아직은 어색하다. 그렇게 대단한 글을 쓰는 작가도 아니고 작품성이 높거나 유명한 작가도 아니다. 하지만 나는 내 삶을 글로 풀어내는 것에 전문가가 되고 싶다. 나는 글쓰기를 뛰어넘는 삶쓰기를 하고 싶은 것이다.

첫 책 『부의 통찰』에는 내 직장 생활 14년간 경험하고 느낀 것을 압축시켜 담았다. 두 번째 책 『부를 끌어당기는 글쓰기』는 4년간 경험한 온라인 글쓰기를 압축시켜 담았다. 지금 쓰고 있는 세 번째 책은 지난 3년간 경험한 여러 출간 활동을 피로 담고 있다. 네 번째 책을 쓴다면 또 이처럼 내가 경험한 것을 쓸 것이다. 내가 경험하지 않은 것은 의미 없고, 내가 경험한 것만 의미 있다는 생각으로 글을 쓸 것이다.

인터뷰 책을 쓰려면 사람들을 만나서 인터뷰를 경험해 보아야 한다. 여행 책을 쓰려면 직접 여행을 다니면서 경험한 뒤 써야 한다. 자기계발 책을 쓰려면 내가 경험한 자기계발 내용을 써야 한다. 투자 책을 쓰려면 내가 직접 투자해 보고 써야 한다. 책을 쓰면서 여러 정보를 취합하고 인용할 수는 있겠지만 가장 중심에는 자신이 겪은 경험이 있어야 한다. 우리는 니체의 '쓰려면 피로 써라'는 말을 꼭 기억해야 할 것이다.

아직 책 주제를 생각하지 못했거나, 다음 책을 쓸 예정이라면 내가 가장 많이 경험한 것이 무엇인지 생각해 볼 필요가 있다. 내 경험을 바탕으로 쓴 책이 가장 좋은 책이기에, 결국 내가 살아가는 세상에서 가장 많이 경험하고 있는 것이 좋은 주제이기 때문이다.

특별한 경험이 없다고? 사실 특별한 경험이 없는 사람은 없다.

우리 모두는 자신만의 다른 사람과는 다른 그런 특별한 삶을 살아간다. 그럼에도 자신의 삶이 너무 평범해 보인다면, 자신의 평범한 삶을 특별한 눈으로 바라보기 바란다. 인간은 자신의 시각에 따라서 같은 것을 보면서도 전혀 다르게 생각할 수 있다.

평범한 삶을 특별한 눈으로 바라보면서 최고의 문학 작품들이 탄생했다. 예를 들어 헤밍웨이의 『노인과 바다』는 노인이 낚시를 하는 어쩌면 지극히 평범한 이야기이지만 특별한 시선을 통해 최고의 소설로 평가받고 있다. 어쩌면 평범함 속에서 특별함을 끌어내어야 인간은 더 큰 공감을 느끼는 것일 수도 있다. 오늘부터 글쓰기, 아니 삶쓰기를 시작하길 바란다.

관심 있는 것을 쓴다

250쪽 정도 되는 책을 쓰는 것은 많은 시간과 노력이 필요한 일이다. 어린아이가 장난감을 가지고 놀 때 극도의 집중력과 행복을 느끼는 것을 본다. 아이들이 이런 순간을 가지는 것은 진정으로 좋아하는 것을 하고 있기 때문이다. 이는 어른이 책을 쓸 때도 마찬가지다. 내가 진정으로 좋아하고 관심 있는 것을 쓴다면 몰입할 수 있고 좋은 성과도 낼 것이다.

내가 관심 있는 것, 내가 좋아하는 주제로 써야 한다. 하지만 문제는 내가 어떤 것에 관심이 있는지, 내가 어떤 주제를 좋아하는지 나도 잘 모른다는 것이다. 우리는 생각보다 자신과 대화하는 일이

드물어서 자신이 무엇을 좋아하는지 잘 모를 때가 많다. 이 경우 우선 자신의 흥미와 취미가 무엇인지 고민할 필요가 있다.

다음 세 가지 방법을 추천한다. 이 방법들을 참고하여 자신에게 맞는 것을 선택하길 바란다.

키워드 열 개 분석

내가 좋아하는 취미 열 개를 적어 보자. 순서는 상관없다. 생각나는 순서대로 쓰면 된다. 일부러 좋은 것만 적을 필요도 없다. 어떤 취미든 생각나는 대로 열 개 적는다. 그렇게 열 개를 적은 뒤에는 그중 겹치는 것이 있는지 확인해 본다. 비슷한 취미들이 묶일 것이다. 그렇게 되면 몇 가지 주제가 정해지는데, 그중 내가 책으로 쓰고 싶은 주제를 선택하자. 그 주제의 세부 주제로 내려가면 더 뾰족한 주제를 가진 책이 될 수 있다.

이제 이 분석 방식을 구체적으로 살펴보자. 다음은 내가 가진 취미 열 개를 나열한 것이다.

독서　운동　글쓰기　영상 보기　커피 마시기
산책　투자　책쓰기　육아　대화하기

이 열 개는 다시 다음과 같이 분류해 볼 수 있겠다.

ㅇ 자기계발: 독서, 글쓰기, 운동, 책쓰기, 투자
ㅇ 힐링: 산책, 영상 보기, 커피 마시기, 대화하기
ㅇ 육아

이 결과에서 나는 자기계발에 진심이면서 동시에 힐링을 좋아하는 사람이라는 것을 알 수 있다. 그렇다면 내 역사를 담은 자기계발서를 쓰거나(이미 썼다) 힐링 서적을 쓰면 좋을 것이다. 혹은 힐링에서도 뾰족하게 들어가서 '바쁜 직장인을 위한 하루 10분 힐링' 정도로 주제를 끌어낼 수 있을 것이다.

책장 분석

내가 좋아하는 키워드를 적고 분류해 보아도 판단이 어려울 수 있다. 성격에 따라서는 자신의 생각을 솔직하게 적는 것이 어려울 수 있고, 특별한 취미가 없을 수도 있기 때문이다.

이 경우 자신이 가진 책장을 분석해 보면 좋다. 내 책장에 있는 책이 어떤 분야의 책인지 확인해 보자. 내 책장에 있는 책은 크게 두 가지 이유에서 그 자리에 있는 것이다. 첫 번째는 내가 흥미를 보여서다. 두 번째는 내 고민을 해결해 주어서다. 그 이유가 흥미여도 좋고 고민 해결이어도 좋다. 어떤 경우든 내가 가장 관심이 있었거나 있는 주제고, 이 때문에 나에게는 중요한 주제인 셈이다.

첫 번째 방식(키워드 열 개 분석)처럼 자기계발, 경제/경영, 문학 등 대주제로 내가 가진 책들을 분류해 보면 좋다. 그중 많이 겹치는 분야가 당신이 선택하면 좋을 주제다.

유튜브 분석

멍하니 유튜브를 보는 시간이 있을 것이다. 나도 하루에 30분 정도는 멍하니 유튜브를 본다. 유튜브를 보는 것은 수동적이고 자극에 반응하는 시간이라서 그리 권장할 만한 행위는 아니지만, 사람에게는 멍하니 보내는 시간도 필요하다.

유튜브 영상은 알고리즘으로 우리가 좋아하는 것을 선택해서 보여 준다. 내가 야구 영상을 보았다면 이후로 야구와 관련된 영상이 계속 노출되는 것도 그런 이유다.

따라서 당신의 유튜브에 들어가면 당신이 어떤 것에 흥미를 느끼는지 알 수 있다. 이는 당신 의식의 영역에 있기도 하지만, 무의식의 영역에 있기도 하다. 당신의 무의식에 따라 유튜브 영상이 추천되는 경우가 많다. 유튜브에서 자신이 어떤 것에 관심이 많은 사람인지 확인해 보자.

내가 관심이 있는 주제를 선택해야 잘 쓸 수 있다. 끝낼 수 있다. 자신이 그와 관련된 경험을 많이 하고 있을 가능성이 높다. 흥미가 있으니 자료를 찾으면서도 신이 난다. 앞서 글쓰기는 곧 삶쓰기라고 이야기했다. 내가 좋아하는 주제를 선택하는 것은 내가 좋아하는 삶을 살고, 그 삶을 쓰게 되는 것이다. 단순히 시장 트렌드 때문에 혹은 누군가의 권유로 내가 좋아하지도 않는 주제를 선택하는 일이 없도록 하자.

쓰기 위해서는
읽어야 한다

　가장 좋은 책은 자신의 경험을 담은 책이다. 우리는 모두 조금씩 다른 경험을 한다. 자신의 경험이 담길 때 세상에 없는 가치 있는 책을 쓸 수 있다. 하지만 자신의 경험만으로 책을 쓰는 일은 어렵고 내용도 빈약할 수 있다. 더 좋은 책을 쓰기 위해 다른 사람이 한 경험, 다른 사람이 얻은 지식을 빌려 올 필요가 있다.

　빌려 올 지식 분야에 따라 기초 편과 심화 편으로 나눌 수 있다. 자신의 수준과 쓰는 책의 수준 및 분야에 따라 다른 선택을 하거나 적절하게 섞을 수 있을 것이다.

내 분야의 책을 참고하라

기초 편은 내가 쓰는 분야의 책을 참고하는 것이다. 예를 들어 자기계발과 관련된 책을 쓰기 위해 자기계발서를 참고하는 것이다. 예를 들어 독서에 관한 책을 쓴다고 하자. 시중에 수많은 독서법 관련 책이 있으니, 그중 널리 알려진 책들을 읽어 보고 참고할 수 있을 것이다.

10권 정도 선택하고 그중에서 내 경험과 신념에 맞는 부분을 발췌한다. 인용할 부분은 인용하고, 내 아이디어를 더해서 변주할 부분을 찾는다. 내 경험과 지식에 인용과 변주를 더하면 체계적인 책이 탄생할 수 있다. 이는 논문을 쓰기 위해 관련 논문을 조사하는 방식과 비슷하다. 물론, 저작권에 대한 사전 이해가 필요하다.

내 분야가 아닌 책을 참고하라

심화 편은 내가 쓰는 분야가 아닌 책을 참고하는 것이다. 예를 들어 독서법을 소개하는 책을 쓴다고 하자. 시중에는 수많은 독서법 관련 책이 있지만 일부러 읽지 않는다. 이 책들을 읽고 참고한다면 결국 기존과 비슷한 책을 쓸 것이기 때문이다. 내 생각이 신선했다 하더라도 무의식적으로 혹은 의식적으로 더 알려진 생각에 물들거나 설득을 당하기 쉽다. 이 과정을 거치면서 나의 독창적인 생각이 희석될 수 있다.

그 대신에 뇌과학을 다룬 책을 선택하고 읽으면서 독서와 연결하려고 노력한다. 예를 들어 도파민 분비와 관련된 책을 읽었다면, 계속 독서를 하기 위해 어떻게 도파민을 의도적으로 분비시킬 수 있을지 적는다. 세로토닌과 관련된 책을 읽었다면, 독서를 하면서 세로토닌을 분비하려면 어떻게 해야 되는지 적는다. 기존의 내 경험과 지식에 새로운 분야를 접목하면 독창적인 책이 탄생할 수 있다.

이런 방식을 선택할 때 중요한 점은 최대한 관련 책을 읽지 않는 것이다. 독창적인 책을 쓰겠다고 결심한 뒤 다른 분야의 책을 읽어나갈 때, 같은 분야의 책도 병행하면 기존의 방식, 지식, 이론 등이 들어갈 수밖에 없다. 이 또한 적절한 조절이 필요할 수 있으나, 독창적인 책을 쓰고 싶은 만큼 같은 분야의 책은 피하는 것이 도움이 될 것이다.

책쓰기가 익숙하지 않다면 기초 편에서 소개한 방법으로 시작하는 것도 좋다. 저작권이 허용하는 범위 내에서 정보를 큐레이션하고 조합하는 것은 훌륭한 방법이다. 책쓰기가 익숙해지면 심화 편을 이용해서 독창적인 책을 쓰는 것도 좋다. 연결과 통섭의 과정을 거쳐 세상에 없는 새로운 것들이 탄생한다.

결국 내가 더 체계적으로 쓰고 싶은지, 더 독창적으로 쓰고 싶은지의 문제일 수 있다. 어떤 방식이든 내 책에 깊이를 더하려면 독서를 이용한 인풋이 필요하다.

참고로 나는 기초 편에 해당하는 방식을 활용해서 책을 써 왔다. 처음 전자책을 쓸 때는 관련 분야의 책을 읽으면서 필요한 부분을 참고했다. 이 책을 쓸 때는 책 쓰는 방법을 다룬 책은 의도적으로 피하고 다른 분야의 책을 읽는 비중을 높이고 있다. 이 책에는 조금 더 내 경험과 생각들을 담고 싶기 때문이다. 책을 쓰면 쓸수록 자신의 고유한 생각과 경험을 쓰는 깊이가 생기는 것 같다.

큰 그림을
그려 둔다

책을 쓰는 다양한 방식이 있을 것이다. 내가 사용하는 방식이 모든 사람에게 맞는 방식은 아닐 것이다. 여기에서 소개하는 방식은 내가 쓰는 방식일 뿐이다. 이를 자신에게 맞게 변형해서 적용하면 좋을 것이다.

나는 책을 쓸 때 먼저 큰 그림을 그려 놓고 시작한다. 목차를 먼저 쓰는 것이다. 이 책은 전체 여섯 개의 장과 그 아래 7~10개 정도 꼭지로 구성되어 있다. 나는 이를 책을 쓰기 시작하는 단계에서 이미 만들어 놓고 시작했다.

이렇게 전체 구성을 미리 만들어 놓고 시작하면 장점이 많다. 다음은 내가 생각하는 장점들이다.

자신감이 생긴다

250쪽에 달하는 책 한 권을 쓰는 일은 쉽지 않다. 목차를 쓴다는 것은 이 책의 마지막을 보는 것이다. 책이 완성된 순간을 미리 상상할 수도 있다. 마지막을 상상함으로써 이 책을 완성할 수 있다는 자신감이 생긴다. 마지막을 보고 난 뒤 필요한 것은 목차에 맞는 내용을 쓰는 것이다. 전체를 보지 못하고 시작하는 것에 비해 훨씬 큰 확신을 가지고 원고를 대할 수 있다.

일관성이 생긴다

책을 쓰는 것은 시간이 걸리는 일이다. 나는 하루에 8개 정도 꼭지를 쓴다. 세부 주제를 두 개 쓰는 셈이다. 각 세부 주제는 8~10개 정도의 문단으로 구성되어 있다. 하루에 16~20개 정도의 문단을 쓰는 것이다.

문제는 매일 자리에 앉아 내용을 이어 갈 때 전체를 그리기가 어렵다는 것이다. 우리는 하루에 수많은 일을 대한다. 오늘의 나는 어제의 나와 컨디션도 다르고 생각도 다르고 고민거리도 다르다. 매일 달라지는 내가 같은 문체로 글을 쓰려면 원고 전체를 이해하면서 쓰는 방법 외에는 없다. 목차는 통일성 있게 글을 쓰는 데 도움이 된다. 매일 글을 쓰기 시작할 때 목차를 먼저 본다. 이를 통해 내가 어떤 글을 써 왔는지 확인하고, 오늘은 어떤 글을 쓸지 결정할 수 있다.

방향성이 생긴다

글을 쓰는 것은 망망대해에서 배를 타고 목적지에 가는 것과 같다. 배를 운전할 때 가장 중요한 것은 방향을 보는 것이다. 과거에는 바다에서 나침반이 그 역할을 했을 것이다. 목차는 글 쓰는 이에게는 나침반 같은 역할을 한다.

나침반은 내가 어디로 가는지 확인시켜 준다. 가끔 길을 잃을 것 같을 때 제대로 된 방향으로 나를 이끌어 준다. 책쓰기는 몇 달이 걸리는 지루할 수도 있는 힘든 항해와 같다. 목차는 나침반과 같아서 내가 어디로 가고 있는지 밝혀 주며, 내가 도중에 포기하지 않고 출간이라는 목적지로 갈 수 있도록 이끌어 준다.

물론 내가 정한 목차를 끝까지 고수할 필요는 없다. 이 책을 포함

너무 많은 내용을 담으려고 노력하는 순간,

모든 사람을 만족시키려고 노력하는 순간,

판매에만 신경을 쓰게 되는 순간,

당신이 쓴 책은 그냥 평범한 책이 된다.

나의 소중한 것을 담으려 노력하고,

내 글을 원하는 사람을 만족시키려 노력하고,

단순 판매를 넘어 공감과 감동을 주는 것을 신경 쓰면

당신의 책 속에는 당신이 온전히 담겨

세상에 존재하지 않았던 특별한 책이 된다.

해서 세 권을 출간한 나도 한 번도 목차대로 쓴 적이 없다. 첫 책은 목차의 많은 부분이 바뀌었고, 두 번째 책은 목차를 일부 수정하거나 통합하거나 분리했다. 이 과정에서 내 의견도 들어가고 편집자 의견도 들어간다. 내가 쓰고 있는 이 원고도 목차가 일부 수정될 것이다. 목차는 나를 목적지로 이끌어 주지만, 나 또한 목차를 수정해 가면서 목적지로 가는 것이다.

매일
조금씩 쓴다

책 주제를 정했고 목차도 완성했다면 이제 남은 것은 내용을 채우는 일이다. 전자책 부분에서도 이야기했지만, 책을 쓰는 기간은 짧게 잡는 편이 좋다. 시간을 길게 잡을수록 중간에 포기할 확률이 높다. 책이란 집중해서 단기간에 쓰는 것이 맞다고 본다. 분량에 따라 다르겠지만 전자책도 빠르면 일주일, 길어도 한 달을 넘으면 안된다. 종이책도 두세 달 안에는 초고를 쓸 수 있어야 한다.

예를 들어 보자. 내가 지금 쓰고 있는 이 책은 여섯 개의 장으로 구성되어 있고, 그 아래 7~10개 정도 꼭지가 있다. 서문과 에필로그까지 각각 하나의 꼭지로 본다면 이 책은 대략 50~62개의 꼭지로 구성되어 있는 셈이다(한 꼭지당 분량은 대략 4쪽이라고 치자).

　나는 매일 두 꼭지를 쓰고, 2시간 정도가 걸린다. 각 장당 꼭지가 8개라고 했을 때, 프롤로그와 에필로그를 포함하여 꼭지 50개를 쓰는 데 걸린 기간은 30일이 채 안 된다. 그렇다면 나는 이 책을 30일 안에 쓰는 것이다. 사전에 미리 제목을 정하고 목차를 결정하는 시간도 필요하다. 사람마다 다르겠지만, 나는 사전에 준비를 철저히 하는 편이라서 2주 정도의 시간이 필요했다. 글을 다 쓴 뒤 출판사로 넘기기 전에 스스로 퇴고를 하는 시간도 필요하다. 이 시간을 또 2주로 잡는다면 초고를 쓰는 시간은 60일, 즉 2개월인 셈이다.

　물론 사람마다 사정이 다를 수 있다. 예를 들어 내가 바쁘게 일하는 직장인이라면 하루에 2시간을 따로 내는 일이 어려울 수도 있다. 혹은 쓰는 속도에 따라 두 꼭지를 쓰는 데 2시간이 아니라 더 많은 시간이 필요할 수도 있다. 주제에 따라서 훨씬 많은 시간이 걸릴 수도 있다. 예를 들어 내가 전문 분야를 쓰고 있다면 글을 쓰는 과정에서 더 많은 조사가 필요할 수도 있다. 반면에 내가 잘 아는 주제라면 빠르게 써 내려갈 수도 있을 것이다. 내가 이미 블로그 등에 관련 주제로 글을 상당히 쓴 경우라면 더 빠르게 글을 쓸 수 있을 것이다. 각자 조건에 따라 글을 쓰는 속도가 달라질 것이다.

하지만 어떤 경우든 가장 중요한 것은 매일 쓰는 것이다. 매일 쓰는 것은 습관이 된다. 예를 들어 내가 월요일과 목요일에는 글을 쓰겠다고 결심했다고 하자. 며칠 동안 글을 쓰지 않다가 어느 날 갑자기 글을 쓰려고 하면 힘이 든다. 습관이 되지 않았기 때문이다. 그렇기에 매일 쓴다고 생각하는 것이 좋고, 그러면 습관이 되고 습관이 되면 훨씬 편하게 행동으로 옮길 수 있다.

가장 좋지 않은 것은 시간이 날 때마다 쓰겠다고 생각하는 것이다. 많은 사람이 이런 방식으로 글을 쓴다. 책쓰기는 아무도 강제하지 않는다. 나를 위한 최소한의 규율이 있어야 한다. 이런 규율이 없다면 절대 책을 쓸 시간은 나지 않는다. 사실 책을 쓰는 시간은 저절로 나는 것이 아니라 내가 내는 것이기 때문이다. 가장 좋은 것은 매일 일정한 시간을 정해서 기계처럼 쓰는 것이다.

원고를 쓰는 시간도 정해 두면 좋다. 예를 들어 나는 이 책을 매일 오전에 썼다. 첫 책과 두 번째 책도 그랬다. 오전 8~10시경이 나에게는 가장 집중이 잘되는 시간이었고, 이 시간에 하는 집필은 나에게서 최고와 최선의 모습을 이끌어 냈다. 사람마다 리듬이 다를 것이다. 자신만의 최고의 시간을 찾아야 한다. 매일 같은 시간에 글을 쓰면 집중이 잘 된다. 나의 뇌가 그 시간에는 당연히 글을 쓰는 것으로 인식하여 빠르게 오랜 시간 몰입할 수 있게 하는 것이다.

시간뿐만 아니라 장소도 고정하면 좋다. 나는 매일 서재에서 글을 쓴다. 서재는 글을 쓰는 곳이다. 다른 행위는 하지 않는다. 이 때문에 서재에만 들어가면 나의 뇌는 글을 쓸 준비를 한다. 이렇게 일정한 장소를 정해서 글을 쓰는 것은 최고의 모습을 끌어내는 좋은 방법이다.

각자에게 허락되는 시간과 공간이 있을 것이다. 가장 좋은 시간과 공간을 선택하는 것도 중요하지만, 현실적으로 가능한 시간과 공간을 사용하면 좋다. 어떤 작가는 출퇴근하는 지하철에서 책을 썼다. 바쁜 회사 생활과 육아 때문에 회사나 집에서는 책을 쓸 시간이 많지 않았을 것이다. 그는 출퇴근 시간만 활용해서 몇 권을 출간했다. 그도 자신만의 시간과 공간이 있었다. 어떤 시간과 공간이든 결국은 매일 일정하게 꾸준히 쓰는 것이 가장 중요하다.

퇴고는
반드시 해야 한다

책을 쓰면 쓸수록 퇴고의 중요성을 알게 된다. 진실로 좋은 책은 깊은 퇴고의 과정을 거치면서 만들어진다. 앞에서 언급했듯 헤밍웨이는 이런 말을 남겼다. "모든 초고는 쓰레기다." 우리는 이 말을 어떻게 이해해야 할까? 직역을 해서 모든 초고는 쓰레기라고 생각해야 할까? 아니다. 모든 초고는 퇴고 과정을 거치면서 처음과는 비교할 수 없을 정도로 발전할 수 있다는 것을 강조한 말이다.

앞서 강조했듯이, 초고를 정해진 시간에 빠르게 쓰는 것은 매우 중요하다. 초고가 없다면 완성에 다가갈 수 없다. 하지만 초고를 완성도 있게 다듬는 과정도 그에 못지 않게 중요하다.

퇴고할 때는 다음 다섯 가지를 유념하면 좋겠다. 퇴고를 진행할 때는 철저하게 독자 입장에서 내 글을 읽을 수 있어야 한다. 독자 입장에서 읽으려고 노력하면 더 많은 수정점이 보일 것이다.

뺄 부분은 없는가?

출판사에서 들은 유용한 조언 중에는 이런 조언이 있었다. '초안은 완성본의 2배 이상의 분량을 쓰는 것이고, 퇴고는 책에 꼭 필요한 양으로 줄여 가는 것이다.' 그렇게 쓰는 책은 정말로 깊이 있는 무언가를 남길 수 있을 것이다. 나는 그렇게까지 하지는 못하지만, 좋은 책을 만들기 위해서는 무엇을 쓰는가만큼 쓰지 않는가도 중요하다.

추가해야 할 부분은 없는가?

뺄 부분을 빼고 책을 다시 보았을 때 부족한 부분이 보일 것이다. 여기에서 스스로에게 던질 질문은 한 가지다. '독자 입장에서 더 궁금한 점은 없을까?' 물론 독자가 궁금한 부분을 책 한 권에 모두 담을 수는 없다. 하지만 우선순위를 나열했을 때, 꼭 책에 들어가야 할 부분은 추가하는 것이 좋다.

읽기 쉬운가?

'구성이 독자가 이해하기 쉽게 되어 있는가?', '문단과 문장이 쉽게 읽히는가?', '더 쉬운 단어를 사용할 수 있는가?'를 고민해야 한다. 조금 더 구성을 달리해서 독자가 이해하기 쉽게 만들 수 있다면 구성을 바꿀 필요가 있다. 문단과 문장을 더 명확하고 간결하게 바꿀 수 있다면 그렇게 하는 편이 좋다. 어려운 단어는 책을 읽기 힘들게 한다. 어려운 단어는 되도록 쉽게 이해할 수 있는 단어, 모호한 단어는 더 명확한 단어로 바꾸면 좋다.

근거가 명확한가?

자연과학 계열의 책은 근거를 명확하게 제시해야 한다. 인문사회 계열의 책은 명확한 근거가 없다. 하지만 여러 가지 사례를 제시하면서 내 주장이나 생각을 강화할 수 있다. 경험, 예시, 사회적으로 알려진 사실, 저명한 사회 실험 등을 이용해서 내 주장의 신뢰도를 더 높여 보자.

인용의 출처를 밝혔는가?

지적 재산권은 매우 중요하다. 누군가가 쓴 책이나 어떤 사회 실험 등을 예시로 들 때는 출처를 명확하게 남겨 두어야 한다. 저작권자에게 허락을 받아야 되는 경우도 있다. 책을 쓰다 보면 자칫 이를 소홀히 하기 쉬우니 마지막에 꼭 체크할 필요가 있다.

퇴고는 끝이 없다

끝으로 유념해야 할 점은 퇴고란 끝이 없다는 것이다. 마음만 먹는다면 몇 년이고 퇴고만 할 수도 있다. 하지만 인간의 시간은 한정되어 있고, 어차피 완벽한 책은 없다는 것을 명심하자. 퇴고를 거듭할수록 더 좋은 책이 탄생한다고 보장할 수 없다. 책에도 시의성이 있어, 시간이 지나면 지금 내가 생각한 가치를 미래의 독자는 다르게 받아들일 수 있다. 충실하게 퇴고하되, 어느 시점에서는 타협하는 시간이 필요할 것이다. 이때는 출판사 편집자 의견이 중요하다. 내가 만족하고 출판사 편집자가 만족하는 수준이면 이제는 출간 시간이 다가온 것이다.

제목이
중요하다

책 제목은 정말 중요하다. 책 제목을 짓는 것은 사람 이름을 짓는 것과 마찬가지다. 어쩌면 사람 이름을 짓는 것보다 더 중요할 수도 있다. 사람은 이름만으로 판단하지 않지만, 책은 이름으로 판단하는 경우가 많기 때문이다.

책을 소개할 때는 책 제목이 가장 앞에 나온다. 그다음은 작가 이름 혹은 간단한 책 소개 등일 것이다. 책 제목이 매력적일 때 사람은 더 많은 관심을 기울이게 되고 판매에도 큰 영향을 미친다. 책 제목이 매력적이지 않으면 좋은 내용을 담고 있어도 사람들의 외면을 받을 수 있다.

언젠가 어떤 책의 한 줄 평에서 이런 글을 많이 보았다. '책 제목만 좋은 책', '책 제목을 보고 샀는데 생각보다 실망한 책'. 나는 '얼마나 책 제목이 좋았으면 책 제목만으로 이렇게 읽었을까?'라는 생각을 했다. 내용을 비판하는 것 같아 지면에 옮기는 것은 어렵지만, 그 책 제목은 정말 멋진 제목이었다.

반대로 정말 좋은 책인데도 책 제목이 평이해서 대중의 선택을 받지 못하는 책도 많다. 책 제목은 마치 포장지와 같다. 아무리 알맹이가 좋아도 포장지가 예쁘지 않으면 외면 당하기 쉽다. 설령 알맹이가 부족하다고 해도 포장지가 예쁘다면 사람들의 눈길을 한 번이라도 더 받을 것이다. 당신이 좋은 책을 썼다면 선택받을 수 있는 유리한 제목을 정해야 할 것이다.

20대 때 내가 제일 좋아했던 책은 무라카미 하루키의 『상실의 시대』였다. 이 책은 우리나라를 강타한 베스트셀러이자 오랜 기간 스테디셀러 자리를 차지하고 있다. 이 책의 원제는 『노르웨이의 숲』으로 대부분의 나라에서 이 제목으로 번역했다. 하지만 우리나라에서는 『상실의 시대』로 번역되었다. 이 책을 원제 그대로 『노르웨이의 숲』으로 번역했어도 이렇게 성공할 수 있었을까? 나는 이 책이 주인공을 비롯한 많은 사람의 상실을 노래한 책이라고 생각한다. 그래서 『노르웨이의 숲』보다는 『상실의 시대』가 더 어울린다.

『노르웨이의 숲』은 낯설고 딱딱한 이름이지만, 『상실의 시대』는 익숙하고 처연한 이름이다. 이는 우리나라에 이 책을 소개한 번역자나 출판사가 한국 정서를 감안해서 결정한 전략이었을 것이다.

멋진 제목을 정하는 일은 생각보다 어렵다. 시중에는 이미 셀 수 없이 많은 책이 있고 지금도 쏟아져 나오고 있기에 웬만한 제목은 식상하다. 세상에 존재하는 다른 책과 같은 이름으로 출간하는 것이 불가능은 아니지만 아무래도 내 책의 가치가 떨어지는 느낌이 드는 것은 어쩔 수 없다. 다른 책과 차별되면서도 내 책의 내용을 압축적으로 소개할 수 있고, 사람들의 흥미도 이끌어 낼 수 있는 그런 제목을 짓는 것이 중요할 것이다.

시대 흐름을 참고하는 것도 좋은 방법이다. 지금 시대에 유독 사람들에게 사랑받는 제목 패턴이 있다. 온라인 서점에서 베스트셀러 Top 100, Top 200에 드는 이름을 자주 읽어 보길 바란다. 많이 팔린 책은 대부분 제목이 좋고, 지금 이 시대의 베스트셀러 제목에서 좋은 책 제목을 이끌어 낼 수 있을 것이다. 예를 들어 '40대에 읽는', '오십에 시작하는' 등 나이를 내세운 제목도 잘 팔리는 제목 중 하나다. 이 책도 이 방식을 참고했다.

책 제목은 끝까지 고심할 필요가 있다. 보통 초고를 쓰기 전에 이미 책 제목을 정해 둔다. 우리는 보통 그것을 가제로 칭한다. '임시로 붙인 제목'이라는 말이다. 하지만 가제는 가제일 뿐이다. 실제 제목은 책을 쓰면서, 혹은 책을 완성해서 정한다는 것은 편집자도 노련한 작가도 이미 경험상 알고 있는 사실이다. 글을 쓰다 보면 내용이 바뀔 수도 있고, 글을 완성해야만 보이는 관점도 있다. 책 제목은 책을 쓰기 전부터, 쓰면서, 그리고 쓴 뒤에 퇴고를 거치면서도 끊임없이 고민해야 한다.

책 제목을 결정하기 힘들거나 여러 제목 사이에서 고민하고 있다면 지인에게 물어보는 것도 좋다. 지인들도 잠재적 구매자다. 여러 제목을 들려주면 본능적으로 어떤 제목이 제일 매력적인지 말해 줄 것이다. 작가로서 100% 독자 입장에서 판단하는 것은 어렵다. 책을 쓰는 과정에서도 중간중간 잠재적인 독자를 만나며 의견을 들을 필요가 있다.

결국 책은
내가 쓰는 것이다

이 책은 전자책과 종이책을 쓰는 방법을 알려 준다. 이 책 이외에도 글을 쓰는 방법, 책을 쓰는 방법을 소개한 책은 많다. 나도 글쓰기를 공부하려고 유시민 작가님, 강원국 작가님 등이 쓴 글쓰기 책을 읽었다. 대부분의 책이 크고 작은 도움을 주었다. 하지만 책을 읽으면 읽을수록, 공부를 하면 할수록 드는 생각은 결국 나만의 방법이 있어야 한다는 것이다. 이 책에서 내가 제안하는 방법들은 참고만 하고, 필요한 부분을 소화하고 흡수해서 자신만의 방법으로 만드는 것은 결국 당신의 몫이다.

특정 분야와 관련한 책을 쓴다면 그 분야의 베스트셀러들을 읽거나, 아니면 의도적으로 다른 분야의 낯선 책들을 읽으면서 통섭을 시도할 수 있을 것이다. 편집자나 지인이 낸 의견을 들으면서 대중적으로 읽을 수 있는 책을 쓰려고 노력할 수도 있다. 이 모든 것은 좋은 노력이다. 하지만 내 책은 결국 내가 쓰는 것이고 나만의 경험, 시각, 정신, 지성이 담겨야 한다는 것을 잊으면 안 된다.

너무 많은 내용을 담으려고 노력하는 순간, 모든 사람을 만족시키려고 노력하는 순간, 판매에만 신경을 쓰게 되는 순간, 당신이 쓴 책은 그냥 평범한 책이 된다. 나의 소중한 것을 담으려 노력하고, 내 글을 원하는 사람을 만족시키려 노력하고, 단순 판매를 넘어 공감과 감동을 주는 것을 신경 쓰면 당신의 책 속에는 당신이 온전히 담겨 세상에 존재하지 않았던 특별한 책이 된다.

나는 글쓰기란 곧 삶쓰기라고 이야기했다. 내 삶을 사는 것, 내 삶을 글로 옮기는 것이 글쓰기이자 삶쓰기다. 내 경험을 글로 담으려 노력하는 순간, 나는 더 좋은 삶을 살게 된다. 더 좋은 삶을 살게 되면 더 좋은 글을 쓰게 된다. 이것이 글쓰는 사람에게 일어나는 선순환이다. 나는 현재 그런 삶을 살고 있고, 당신도 그런 삶을 살길 원한다.

세상에 나와 똑같은 사람은 한 명도 없다. 쌍둥이도 같은 사람은 없다. 우리는 모두 생김새가 다르고, 다른 경험을 하며, 다른 생각을 하는 사람들이다. 내 삶은 그 자체로 특별한 가치가 있다. 내 삶을 충실하게 살고 이를 글로 옮길 수 있는 사람이라면 정말로 삶이 글이 되는 삶쓰기를 하는 작가인 것이다.

그래서 내가 가장 먼저 만족시켜야 할 사람은 바로 자기 자신이다. 다른 사람을 만족시키기보다는 가장 먼저 내 자신을 만족시키려고 노력해야 한다. 만족스러운 삶을 사는 사람은 주변 사람을 편하게 한다. 진짜 부자는 남들을 먼저 배려한다. 자기 삶이 빡빡한 사람은 상대에게 배려를 베푸는 것이 정말 힘들다. 내 삶이 행복하고 만족스러우면 좋은 글이 나올 수밖에 없다. 책쓰기는 결국 내 삶을 먼저 쓰고 그 삶을 조각내어 사람들에게 나누어 주는 일인 것이다.

책을 쓰면서 많은 생각을 하게 될 것이고, 편집자를 비롯한 여러 명의 조언을 듣게 될 것이다. 그들이 한 조언을 적극 경청하라. 하지만 가장 중요한 결정은 작가인 본인이 하는 것이다. 이것을 선택할까? 저것을 선택할까? 고민이 될 때는 나를 가장 만족시킬 수 있는 선택을 하면 좋다.

나는 자주 나를 위해서 쓴다고 생각했다. 『부의 통찰』도 20대의 나에게 보내는 편지라고 상상하면서 썼고, 『부를 끌어당기는 글쓰

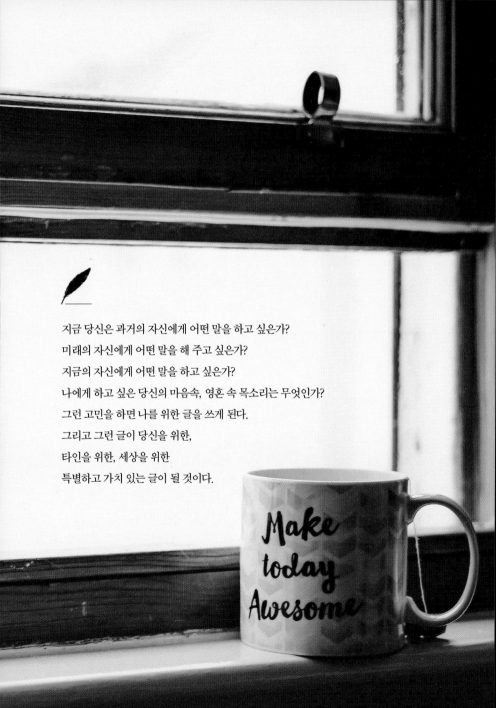

지금 당신은 과거의 자신에게 어떤 말을 하고 싶은가?

미래의 자신에게 어떤 말을 해 주고 싶은가?

지금의 자신에게 어떤 말을 하고 싶은가?

나에게 하고 싶은 당신의 마음속, 영혼 속 목소리는 무엇인가?

그런 고민을 하면 나를 위한 글을 쓰게 된다.

그리고 그런 글이 당신을 위한,

타인을 위한, 세상을 위한

특별하고 가치 있는 글이 될 것이다.

기』도 3년 전 SNS를 전혀 모르던 내가 새로 시작한다면 어떤 지식과 경험이 필요할지 생각하면서 썼다. 과거의 나도 바로 나다. 이렇게 과거의 나, 지금의 나, 미래의 나를 위해 쓰는 글이 가장 진실되고 독창적일 것이라고 믿는다.

지금 당신은 과거의 자신에게 어떤 말을 하고 싶은가? 미래의 자신에게 어떤 말을 해 주고 싶은가? 지금의 자신에게 어떤 말을 하고 싶은가? 나에게 하고 싶은 당신의 마음속, 영혼 속 목소리는 무엇인가? 그런 고민을 하면 나를 위한 글을 쓰게 된다. 그리고 그런 글이 당신을 위한, 타인을 위한, 세상을 위한 특별하고 가치 있는 글이 될 것이다.

I

5장

책은 어떻게 알리는가

처음 책을 내는 작가들이 공통적으로 마주하는 어려움이 있다. 어렵게 출판사를 만나 책을 출간했지만 출간 이후에 잘 팔리지 않는 것이다. 누구나 조금씩은 책만 내면 저절로 알려져서 판매될 것이라는 기대를 하는 것 같다. 하지만 현실은 그렇지 않다.

책을 낸 다음에 뒤늦게 홍보의 중요성을 깨닫지만 그때는 이미 늦는 경우가 많다. 하루에도 수많은 책이 발간되는 현실에서 출간 이후에 내 책은 빠르게 사람들의 기억 속에서 잊혀진다. 그렇기 때문에 작가는 책을 출간하기 전부터 홍보를 염두에 두고 준비해야 하는 것이다.

무엇이든 직접 해 봐야 알 수 있다. 책쓰기도 그러하다. 실제로 출간을 해 보면 홍보의 중요성을 알게 될 것이다. 하지만 미리 준비를 할 수 있다면 조금이라도 도움이 될 것이다. 5장에서는 어떻게 책의 홍보를 준비하고 진행하는 것이 효과적인지 생각해 보자.

책을 읽지 않는
시대

　책을 출간하기 전, 감안해야 할 부분이 있다. 우리는 지금 책을 읽지 않는 시대에 살고 있다는 것이다. 최근 조사에 따르면 1년에 책 한 권도 읽지 않는 성인의 비율이 50%가 넘는다고 한다. 이 비율은 지속적으로 오르고 있으며, 가까운 미래에는 60%가 넘을지도 모른다. 유튜브, 쇼츠 등 플랫폼이 성장하면서 많은 사람이 활자를 읽지 않는다. 우리는 책을 읽는 사람이 소수가 된 세상에서 살아가고 있다.

　사람들은 편하게 소비할 수 있는 콘텐츠를 원한다. 활자보다는 영상을 선호하고, 긴 글보다는 짧은 글을 더 선호한다. 책을 읽을 필요가 있다고 느끼는 사람들도 책을 소개하는 영상으로 보거나 특정 책을 짧게 요약한 요약 버전을 선호한다. 바쁜 일상에 지친 현대인이 2시간 이상 시간을 내어 진중하게 책을 읽는 일은 점점 어려워지고 있다.

사람들이 책을 읽지 않는 것도 문제이지만, 시장이 종이책에서 전자책으로 바뀐 것도 큰 변화다. 전자책을 구독하여 가성비 있게 책을 읽는 사람들이 증가했다. 종이책 한 권 살 돈으로 밀리의 서재를 한 달 구독할 수 있고, 밀리의 서재에서 여러 권을 빠른 시간에 스캔하면서 필요한 정보를 찾기도 한다. 작가도 출판사도 책을 구매하고 읽어 줄 독자를 찾기가 점점 어렵다. 이 때문에 많은 출판사가 위기의식을 느끼고 있으며 실제로 폐업하는 출판사도 늘어나고 있다.

하지만 이는 또 다른 기회를 제공하기도 한다. 과거에는 책이 1만 권 이상 팔려야 베스트셀러 상단에 자리 잡을 수 있었지만, 지금은 몇천 권만 팔려도 베스트셀러 상단에 오를 수 있다. 일주일 누적 기록으로 1,000~2,000권만 판매해도 전체 20위권에 오를 수 있는 것이 오늘날 출판계의 현실이다. 내가 단기간에 수천 권을 판매할 수 있다면 유명 베스트셀러 작가가 되는 것도 가능한 셈이다. 누군가의 위기는 모두에게 위기인 것이 아니라 나에게는 기회가 되기도 한다.

책을 구매하는 경로도 변화하고 있다. 과거에는 서점에서 책을 구매했다. 온라인 서점이 등장하면서 온라인에서 책을 구매하는 비중이 점점 높아졌다. 최근에는 온라인 서점으로 책을 구매하는 비중이 오프라인 서점을 뛰어넘기도 했다. 온라인 서점으로 시작한 아마존은 이런 추세를 기반으로 세계 최고의 온라인 커머스 회사로 성장했다.

이에 따라 홍보 방식도 급변했다. 과거에는 서점의 매대에서 좋은 자리를 차지하거나 서점에서 특별 이벤트를 하면 책 판매에 도움이 되었다. 하지만 점점 사람들이 서점에 가지 않게 되면서 서점에서 홍보나 이벤트를 하는 비중도 줄어들었다.

출판사 영업 대상도 바뀌었다. 불과 10~20년 전만 해도 출판사 영업 대상은 주로 신문사 및 잡지사였다. 출판사 영업 담당자의 능력은 언론사에 얼마나 인맥이 있는지로 결정되었다. 주요 언론사 담당자와 좋은 관계를 유지하고 자사 책을 신문이나 잡지에 홍보하는 것이 중요했다. 신문이나 잡지에서 책 광고를 보고 책을 선택하는 비중이 높았다는 말이다.

하지만 지금은 신문이나 잡지에 실린 광고를 보고 책을 선택하지 않는다. 정보량이 급격히 늘어난 지금, 사람들은 정보 한두 개만 보고 상품을 선택하지 않는다. 출판 시장은 작가의 지명도나 영향력, 혹은 추천하는 사람의 영향력에 좌우된다. 유명 유튜버나 블로거가 낸 책이 베스트셀러가 되고, 유명인 1~2명이 특정 책을 소개하면 이미 시장에서 사라진 책이라도 역주행하기도 한다.

시대가 바뀌었다. 시대가 바뀌면 나를 그 시대에 맞추어야 한다. 새로운 시대의 새로운 작가가 되려면 오늘날에 맞는 방법으로 홍보해야 한다.

홍보는
평소에 하는 것이다

　여기에서는 지금 시대에 맞는 홍보 방법을 소개한다. 아직 유명 작가가 아니고 앞으로 이름 있는 작가가 되고 싶은 신입 작가라면 '인플루언서 작가'를 지향해야 한다. '인플루언서 작가'는 인플루언서이면서 동시에 작가인 사람을 지칭한다. 순서를 따지면 인플루언서가 먼저고 작가는 그다음이다. 더 정확하게 표현하면, 글을 쌓으면서 인플루언서가 되고 그 글을 엮어서 작가가 되는 것이다.

　책을 출간한 뒤 홍보를 해야겠다고 생각했다면 그 어떤 홍보도 할 수 없다. 오늘날은 서점 이벤트도 큰 소용없고, 신문이나 잡지에 소개 글을 올려도 큰 효과가 없다. 사람들은 대체로 책을 좋아하지 않는다. 그렇기에 홍보 개념을 아예 바꾸어야 한다. 홍보는 책을 출간하면서 하는 것이 아니라 책을 준비하면서 하는 것이다.

나는 첫 책을 출간하기 전에 블로그에 내용을 조금씩 올렸다. 우선 책에 맞는 목차를 구성하여 각 목차별로 블로그 카테고리를 만들었다. 매일 각 카테고리에 맞게 블로그 글을 썼다. 이 과정을 거쳐 두 가지를 얻었다. 하나는 매일 일정한 양을 쓰면 책을 준비할 수 있다는 것이다. 하나의 블로그 글이 책 분량으로 3쪽 정도 된다고 가정할 때, 블로그 글을 100개 쓰면 300쪽 되는 책 한 권을 만들 수 있다. 다른 하나는 응원을 모을 수 있다는 것이다. 매일 블로그에 쓰는 글에 호응을 하는 사람들이 생기면서 나는 책을 준비하며 예비 독자를 모을 수 있었다.

모든 글이 책의 주제에 맞지는 않을 테니 블로그에 글 100개가 아니라 200~300개 정도를 썼다. 중복되는 글도 있고 인기 없는 글도 있기 때문이다. 주제에 맞는 글을 선별하고 목차에 따라 재구성해야 했으므로 책으로 엮기까지 편집이 많이 필요했다. 하지만 아무것도 없는 상태에서 책을 쓰는 것보다는 훨씬 쉬운 과정이었다.

또 그동안 내 블로그 글을 좋아해 준 팬들 덕분에 책 출간 이후 빠르게 판매를 이어 갈 수 있었다. 제도권을 이용한 홍보가 어려운 시대에서 작가가 영향력을 가지고 있다는 것은 매우 중요하다.

나는 블로그 이웃의 중요성을 깨닫고 두 번째 책을 준비할 때는 블로그뿐만 아니라 다양한 플랫폼을 함께 성장시켰다. 블로그에 이어 X에 꾸준히 글을 올리기 시작했으며, 스레드와 인스타그램도 성장시켰다. 첫 책을 출간하던 당시에는 블로그 이웃이 2만 명이었지만, 두 번째 책을 출간할 당시에는 블로그 이웃이 6만 명이었고 X와 인스타그램은 그 이상의 팔로워를 가지게 되었다. 덕분에 두 번째 책은 더 많은 사람에게 홍보할 수 있었으며, 첫 책에 비해 더 많은 판매량을 기록할 수 있었다.

작가를 꿈꾸는 사람들에게 내 경험을 이야기하며 '인플루언서 작가'가 되어야 한다고 말한다. 나는 사람들에게 책을 출간하기 전, 블로그나 X 등에 글을 쓰라고 권한다. 처음부터 어려운 것에 도전하기란 쉽지 않다. 어려운 것은 쉽게 만들고, 복잡한 것은 단순하게 만들어서 시작해야 한다. 책을 쓰는 것보다 블로그 글 한 편, X 글한두 줄을 쓰는 일이 훨씬 쉽고 단순하다. 그리고 쉽고 단순한 것을 반복하다 보면 어렵고 복잡한 것도 할 수 있다. 대단한 사람이 대단한 일을 하는 것이 아니라 평범한 사람이 사소한 일을 대단히 오래해서 대단한 사람이 되는 것이다.

내가 살면서 가장 잘한 것 중 하나가 바로 블로그를 개설하고 글을 쓰기 시작한 것이다. 블로그를 시작하면서 글을 쓴다는 의미와 영향력을 이해할 수 있었다. 글을 통해 온라인에서 응원을 모으는 것은 정말 멋진 일이었다. 내 글을 읽고 살아가는 힘을 얻었다는 사람도 있었고, 글을 쓰는 삶을 시작했다는 사람도 있었다. 그들의 크고 작은 피드백이 나에게도 글을 쓰는 큰 힘이 되고 있다.

팀 페리스는 '팬을 1,000명 모은다면 무엇이든 할 수 있다'고 이야기했다. 사람은 보통 다른 사람에게 관심이 없다. 세상에는 가짜 뉴스가 많아 무엇을 믿어야 할지 헷갈린다. 이런 세상에서 내 팬을 모으는 일은 어렵지만, 한번 생긴 팬은 오랜 기간 내 팬이 될 수 있다.

평범한 사람이 팬을 만들기 제일 쉬운 방법은 글을 쓰는 것이다. 내 글을 좋아하고 공감해 주는 사람을 1~2명씩 모으기 시작하면 언젠가는 1,000명도 모을 수 있을 것이다. 블로그 글을 매일 쓰면 팬 1,000명을 모을 수 있다. 그렇게 모은 응원은 나중에 책을 출간할 때 큰 도움이 된다. 홍보는 출간 후에 하는 것이 아니라 평소에 하는 것이다.

작가와 출판사 중 홍보 책임은 누구에게 있을까? 과거에는 출판사가 할 수 있는 것이 많았다. 하지만 개인이 중심이 되고 미디어가

탈중앙화되고 있는 지금, 홍보는 출판사보다는 작가의 역량에 좌우되는 경우가 많다. 출판사가 홍보에 도움을 줄 수 있지만 결국 작가의 홍보 역량이 가장 중요하다는 것을 잊지 말자.

읽히는 책을
써라

작가는 좋은 책을 쓰고 널리 알리는 사람이다. 좋은 책을 쓰는 것도 중요하지만, 널리 읽히게 하는 것 또한 쓰는 것 못지 않게 중요하다. 아무리 좋은 책도 알려지지 않고 읽히지 않는다면 소용없다. 따라서 작가는 좋은 책을 쓰는 것과 더불어 어떤 책이 널리 읽힐 수 있는지를 늘 고민해야 한다.

늘 시대에 맞는 트렌드가 있다. 예를 들어 최근에는 쇼펜하우어 철학이 출판 시장에서 가장 핫한 주제였다. 쇼펜하우어 철학을 이야기하는 책들이 베스트셀러 상위에 올랐고, 서점에는 쇼펜하우어와 관련한 책이 쏟아졌다. 그런 책들도 베스트셀러 상단에 함께 올랐다. 서점에서는 쇼펜하우어 특별전을 열어 관련 책을 모아서 소개하는 행사를 벌이기도 했다.

쇼펜하우어 책이 성공했으니 관련 책을 시장에 내는 것은 좋은 전략일까? 그럴 수 있다. 대중의 관심도가 높을 때 같은 주제로 글을 쓰는 것은 유행을 따라가는 좋은 전략일 수 있다. 다만 두 가지 측면을 고려해야 한다. 하나는 내가 쓰고 싶은 책이 아니라 오직 시장이 원하는 책을 쓰는 것이 작가로서 본분에 맞을까 하는 점이다. 다른 하나는 원고를 쓰고 출간하기까지 최소 3개월이 필요한데 그때까지 유행이 이어질까 하는 점이다. 이 두 가지 질문에 스스로 답변해 보자.

하지만 유행을 따르든 따르지 않든 간에 작가라면 꼭 해야 할 일들이 있다. 하나의 유행이 발생하면 왜 그것이 유행인지 분석하는 것이다. 그러면 시장 흐름을 알 수 있고, 내가 책을 준비할 때도 큰 도움이 된다. 혹은 내가 새로운 유행을 만들어 낼 수도 있을 것이다.

쇼펜하우어 현상으로 분석해 보자. 쇼펜하우어 철학은 현실적이고 동시에 위로를 준다. 보통 철학자가 한 말은 비현실적이거나 공감이 잘 되지 않는데, 쇼펜하우어는 현실에 던지는 뼈 때리는 위로의 느낌이 강하다. 이런 쇼펜하우어의 문체가 힘든 하루하루를 살아가는 대한민국 사람들, 특히 중년들의 마음을 뒤흔든 것이다.

여기에서 우리는 쇼펜하우어 자체가 아닌 '현실에 던지는 뼈 때리는 위로'가 유행이라는 결론을 도출할 수 있다. 최근 오랜 기간 베스트셀러 종합 1위였던 『세이노의 가르침』도 결이 비슷하다. '현실에 던지는 뼈 때리는 위로'가 있는 책인 것이다.

이제 어떤 책을 써야 하는지 갈피를 잡을 수 있을 것이다. 꼭 쇼펜하우어 이름을 넣거나 쇼펜하우어 철학을 이야기할 필요는 없다. 예를 들어 쇼펜하우어 외에 니체나 헤르만 헤세처럼 문체가 비슷한 다른 작가의 철학을 소개할 수도 있을 것이다. 혹은 철학자가 아니더라도 문체가 비슷한 예술가에 대해 쓸 수도 있다. 그것도 아니면 내가 그런 문체로 에세이를 쓸 수도 있을 것이다. 그런 문체로 소설을 쓸 수도 있을 것이다.

쇼펜하우어 현상의 이유는 힘든 삶에 지친 대한민국 사람들의 고단한 마음에 건넨 위로였다. 그 이유를 알면 내가 오히려 유행을 만들어 낼 수 있게 된다. 작가로서 시장 흐름에 늘 관심을 가지고 잘되는 책이 있다면 왜 잘되는지 분석하는 노력이 필요하다. 명심하자. 아무리 좋은 글을 써도 대중이 읽지 않으면 소용없는 법이다. 대중이 읽는 책을 쓰는 것은 온전히 작가 몫이다.

추천사와
서평단을 활용하라

책을 출간하면 추천사를 받게 된다. 책 뒷면에 발췌해서 일부 싣거나 책 초반부에 지면을 할애해서 싣기도 한다. 유명인들에게 받는다면 이를 오프라인, 온라인 서점에서 홍보 문구로 활용할 수도 있을 것이다.

그렇다면 추천사는 얼마나 중요할까? 출판사에서는 꽤 중요하다고 말한다. 유명 작가, 유명인에게 추천사를 받는다면 홍보 효과는 크다. 팬을 많이 거느린 사람에게 추천사를 받고, 그가 한두 번 언급만 해도 홍보 효과는 크다. 우리는 유튜브나 TV에서 유명인이 책을 소개하면 순식간에 베스트셀러 상단에 오르는 일을 종종 본다. 우리는 유명인의 추천, 언급이라는 것이 생각보다 강력한 힘을 발휘하는 시대를 살고 있다.

하지만 추천사 대부분은 형식적으로 흐르는 것도 사실이다. 어떤 유명인은 1년에 작게는 몇 권, 많게는 수십 권의 추천사를 쓴다. 좋은 마음으로 많은 책에 도움을 주는 경우도 있고, 돈을 받고 기계적으로 추천사를 써 주는 경우도 있다. 이렇게 많은 책에 추천사를 써 준다면 별도로 언급하면서까지 추천해 주지는 않을 것이다. 유명인이 이 책에만 추천사를 써 주고 정작 자신의 채널 등에서는 별도로 언급하지 않는다면 그 영향력은 제한적이다.

추천사의 필요성을 신인 작가와 유명 작가로 나누어서 생각해 보자. 신인 작가는 인지도가 낮기 때문에 홍보가 필요하다. 이 경우 유명인에게 추천사를 받는 것은 큰 도움이 될 것이다. 유명 작가는 이미 인지도가 높기 때문에 꼭 추천사를 받을 필요는 없다. 실제로 이름이 알려진 작가들은 굳이 추천사를 받지 않는다. 자신의 이름이 충분히 알려지면 다른 사람의 평가는 중요하지 않은 것이다.

그렇다면 어떻게 추천사를 받는 것이 좋을까? 나는 친분이 조금이라도 있거나, 내가 평소에 좋아하는 사람들에게만 추천사를 부탁했다. 내 책의 추천사를 내가 모르는 사람에게 부탁하는 것은 떳떳

하지 않다고 생각했다. 추천사를 부탁할 때는 마음을 담으려 노력했고, 추천사를 써 주면 소정의 사례비를 제공했다. 어떤 분은 무료로 써 주었고, 어떤 분은 소정의 금액만 받았으며, 또 어떤 분은 많은 금액을 요구하기도 했다.

추천사를 받을 때는 원래 필요한 수보다 조금 더 많은 사람에게 요청하는 것이 좋다. 나는 두 분에게 추천사를 받기 위해 네 분에게 요청을 했다. 추천사는 책을 다 완성했을 때와 책을 출간하기 전에 필요하기에 가장 시간이 부족할 때 받게 된다. 그렇기에 필요한 것보다 많은 사람에게 요청하는 것이 출간 시기에 영향을 미치지 않는 방법이다. 특히 작가가 유명하지 않을수록 추천사를 거절받는 경우가 허락받는 경우보다 많다는 것을 알아 두어야 한다.

나는 추천사를 직접 받았다. 출판사에 맡기지 않았다. 출판사도 추천사를 작가가 직접 알아보는 것이 좋다고 이야기할 것이다. 이는 역지사지로 생각해 보면 된다. 출판사에서 추천사 요청이 온 것과 책을 쓴 작가에게서 온 것은 꽤 느낌이 다르다. 출판사에서 온 요청은 상업적으로 느껴지지만, 작가에게서 직접 온 요청은 보다 친밀하고 개인적으로 여겨진다. 그렇기에 후자가 추천사를 써 줄 확률이 더 높다.

반면 서평단 활동은 출판사에 온전히 맡기면 좋다. 서평단이란 책이 출간되었을 때 책을 읽고 자신의 블로그 등에 후기를 쓰거나, 온라인 서점에 후기를 남기는 활동을 의미한다. 책을 무료로 나누어 주거나 별도의 혜택을 제공하기도 한다. 책을 읽은 뒤 어떻게 후기를 써 달라고 가이드하지는 않지만, 무료로 책을 제공받았거나 다른 혜택도 받았기에 긍정적인 후기가 대부분이다. 이는 대부분의 출판사에서 진행하는 통상적인 마케팅이다.

깨진 유리창의 법칙이라는 것이 있다. 도로에 주차된 차에 유리창이 하나 깨져 있으면 더 많은 사람이 유리창을 깬다는 것이다. 도로에 주차된 차가 깨끗하다면 사람들은 그 차를 건드리지 않을 것이다. 초반에 달린 후기가 중요하다는 말이다. 초반에 좋은 댓글이 달리기 시작하면 악플을 달고 싶은 사람도 군중 심리로 망설이게 되는 것이다. 서평단은 대부분의 출판사에서 하는 활동이다. 내 책으로 서평단 활동을 진행하는지, 어떻게 진행되는지 정도만 알고 있으면 될 것이다.

작가가 역량이 된다면 직접 서평단을 운영해도 좋을 것이다. 예를 들어 나와 같이 블로그 등에서 활동하고 있다면 책을 무료로 나누어 주고 후기를 요청할 수도 있다. 초반에는 작은 홍보 하나하나가 소중하기 때문에 내 책을 읽은 사람이 각자의 플랫폼에 후기를 쓰는 것도 아주 큰 힘이 된다. 물론 이것은 강요할 수 없는 부분이며, 내가 잘 알려져 있고 책이 충분히 좋다면 자연스럽게 기대할 수 있는 부분이다.

무료로
책을 알리는 방법

몇 년 전에 친구가 블로그 글을 하나 보내 주었다. 어떤 직장인의 직장 생활을 다룬 소설이었다. 읽어 보니 공감이 되어 그다음부터는 블로그 글에 올라오는 모든 글을 챙겨 읽었다. 알고 보니 그 글은 소설책 초반 내용을 연재한 것으로, 작가는 20여 편을 올린 뒤 출간 소식을 알렸다. 이미 20여 편을 읽으면서 내용에 푹 빠진 나는 책을 살 수밖에 없었다. 당시 2~3주 동안 매일 작가의 글을 기다리면서 살았던 기억이 난다. 작가는 그 시간 동안 나를 길들인 것이다.

그 책은 바로 『서울 자가에 대기업 다니는 김 부장 이야기』다. 나중에 알았지만, 작가는 모 카페에도 같은 내용을 올렸다고 한다. 아마 카페가 메인이고, 카페에서 자신의 블로그로 사람들을 유입시킨 것 같다. 카페와 블로그에 1편부터 매일 하루 한 개씩 올린 작가는 나 같은 수많은 팬을 만들 수 있었다. 중요한 것은 그 작가가 블로그도 거의 처음이고, 카페에도 기존에 활동하던 멤버가 아니었다는 점이다. 그저 글의 힘만으로 예비 독자들을 모았던 것이다. 작가는 그 책을 시리즈로 세 권 출간했고, 나는 그 세 권을 모두 샀다. 그 책은 현재 웹툰으로 만들어질 정도로 유명하다. 작가의 홍보 능력이 없었다면 과연 그 책이 이렇게 잘될 수 있었을까?

최근 베스트셀러 1위에 오른 『1%를 읽는 힘』의 메르 작가는 매일 블로그에 글을 하나씩 써 왔다. 그는 블로그 이웃이 10만 명이 넘는데, 매일 몇만 명이 그의 글을 읽으려고 블로그에 방문한다. 그는 하나의 이슈와 현상을 잘 분석하는 작가다. 밤 12시를 갓 넘긴 시간에 한 편씩 올리는 작가로도 유명하다. 그가 자신의 출간 소식을 블로그에 올린 순간 1,000~2,000명은 바로 책을 구매했을 것이다. 그는 여러 번 출간 소식을 자신의 블로그에서 안내했고 몇 가지 출간 이벤트도 진행했다. 그다음 주에 『1%를 읽는 힘』은 종합 순위 1위를 차지했다.

김 부장 이야기처럼 자신의 플랫폼이 없어도 대형 카페를 활용하여 자신의 글을 홍보할 수 있다. 메르 작가처럼 자신의 플랫폼에 출간을 안내하고 여러 이벤트를 진행할 수도 있다. 이렇듯 자신이 온라인상에서 대중에게 접근할 수 있는 방법을 찾아 글을 알리는 것은 책 홍보에 아주 큰 도움이 된다. 제도권을 이용한 홍보가 힘든 지금 어떻게든 대중에게 알려지는 것은 큰 차별화를 만들어 낸다.

유튜브에 출연하는 것도 좋은 방법이다. 작가가 되면 유튜브 채널에서 책에 대한 인터뷰 및 강의를 진행할 수 있다. 유튜브 채널도 콘텐츠가 필요하기 때문에 작가 등 인터뷰할 사람들을 항상 찾고 있다. 물론 유명 작가가 아니면 대형 채널에 출연하기는 쉽지 않을 것이다. 하지만 몇백, 몇천 등 다양한 규모의 채널들이 있고, 자신의 인지도에 맞는 유튜브 채널을 찾는 것은 어렵지 않다. 처음에는 작은 채널과 함께하고 조금씩 규모가 큰 채널로 옮겨 가는 것도 방법이다.

나도 첫 책을 출간하고 당시 4만 정도 규모의 유튜브 채널에 출연해서 나와 책에 관련된 내용을 소개했다. 두 번째 책을 출간하고는 40만 정도 규모의 유튜브 채널에 출연했다. 출연비를 요구하는 채널도 있고 요구하지 않는 채널도 있다. 출연비를 요구하는 채널은 홍보 효과에 비해 비용이 적절한지 고민해야 한다. 어떤 경우든 작가 입장에서 유튜브 채널 출연은 적극적으로 고려해야 한다.

나는 당신에게 말해 주고 싶다.
당신도 작가가 될 수 있다.
당신의 시작은 당신의 최선으로 만들어지는
그 자체만으로 충분히 가치 있고,
부족할 수 있지만 부족할 수밖에 없는 것이다.
하지만 누군가도 시작이 있었기 때문에 그 이후도 있었듯이,
당신도 완벽하지 않은 지금으로도
충분히 가치 있으며 그 가치를 세상에 드러내야 한다.

전문적으로 도서를 소개하는 블로그와 유튜브, 인스타그램 등도 있다. 이들 채널에 책을 보내 주는 것도 좋은 방법이다. 책을 출간하면 출판사에서 홍보용으로 일정 수량을 사용할 수 있게 한다. 홍보 효과가 좋다면 출판사에서 100~200권을 지원해 줄 수도 있을 것이다. 도서 리뷰를 하는 블로그, 유튜브 채널에 책을 보내 주겠다 제의하고 마음에 들면 후기를 써 달라고 할 수도 있을 것이다. 홍보로 제공한 책은 한 권이지만, 그들이 쓴 리뷰를 통해 독자를 수십, 수백 명 만들 수도 있다. 비용이 거의 들지 않는 홍보 방법이니 적극 활용하는 것이 좋겠다.

유료로
책을 알리는 방법

유료로 홍보하는 방법도 있다. 개인적으로는 무료로 홍보하는 방법도 많고 무료로 홍보하는 방법이 오히려 효과가 크다고 생각하므로 무료 방법을 더 선호하는 편이다. 예를 들어 요즘 독자들은 광고보다는 누군가가 의도 없이 한 추천을 더 좋아하고 신뢰한다. 누구나 쉽게 진행할 수 있는 광고를 하기보다는 한 사람의 마음을 더 사려고 노력하는 편이 좋다.

앞서 언급했듯이, 책은 출간 후 한 달이 가장 중요하다. 그 시기가 지나면 보통 책의 수명은 줄어들기 시작한다. 내 인지도와 팬의 규모는 어느 정도 정해져 있기에 출간 후 한 달 동안은 유료 홍보를 병행할 필요가 있다.

유료 홍보를 하기 제일 좋은 플랫폼은 페이스북과 인스타그램이다. 이 두 플랫폼은 타깃의 지역, 성별, 취미 등을 구분해서 홍보할 수 있다. 예를 들어 서울에 사는 20대 여성이면서 책을 좋아하는 사람에게 콘텐츠를 노출하고 싶다면 클릭 몇 번만으로도 가능하다. 책을 출간하면 핵심 타깃이 생기는데, 페이스북과 인스타그램은 이런 핵심 타깃에게 책을 소개하기 편리하다.

나도 두 번째 책을 출간한 뒤에는 인스타그램으로 홍보를 진행했다. 책을 조금이라도 더 알릴 목적도 있었지만 인스타그램 유료 광고의 효과가 궁금했던 것이다. 결과적으로 비용 대비 만족스러운 효과를 거두지 못했다. 100만 원 정도를 들여서 50명에게 나를 알리고 책을 구매하게 한 것 같다. 책 원가도 건지지 못했다고 생각할 수 있지만, 그들이 내 찐팬이 되어 내 책을 타인에게 소개하고 또 다른 책을 구매할 수도 있으니 넓은 의미로 보면 전혀 효과가 없다고 말하기도 힘들 것이다. 결론적으로 보면 책 출간 후 한 달 내, 특히 초반에 페이스북과 인스타그램에서 유료 홍보를 진행하는 것은 경우에 따라서는 도움이 된다.

앞서 무료 홍보 방법으로 블로그나 유튜브에 책을 보내거나 인터뷰를 신청할 수 있다고 했는데, 채널에 따라서는 유료일 때도 있다. 유튜브 인지도가 높고 상업적인 성격이 강한 경우 출연자에게 수백만 원 수준의 출연비를 요구한다. 블로그도 수십만 원의 돈을 요구하는 경우가 있다.

예를 들어 어떤 유튜브는 찐팬이 1만 명이 넘어 책을 한 권 소개하면 최소 1,000명이 그 책을 산다. 작가 입장에서 책 한 권을 판매하면 2,000원이 생기는 것이다. 출판사도 2,000원 이상 수익이 생긴다. 책 판매로 순위가 올라가서 더 많은 책을 팔 수도 있다. 이 경우 유튜브 채널에서 500만 원을 요청해도 작가나 출판사는 받아들이게 된다. 특히 홍보 효과가 크다면 출판사에서 출연비를 100% 지불해 주기도 하니 작가 입장에서는 이런 루트를 알아볼 필요가 있다.

내가 가장 추천하는 방법은 다음과 같다. 책을 출간하기 전에 내 팬을 최대한 많이 만들어 두는 것이다. 내 채널을 꾸준히 키워 가면 좋다. 출간 전에 무료 홍보 방법을 최대한 고민해 보는 것도 좋다. 출간 이후에는 가성비 좋은 유료 홍보 방법을 취사 선택하자. 내 채널 + 무료 홍보 + 유료 홍보 등 여러 방법을 이용하여 내 책을 알리는 것이 작가의 역할이자 역량이다.

홍보는 출판사 몫이 아니냐고 생각할 수도 있을 것이다. 홍보는 출판사의 여러 역할 중 하나가 맞다. 내가 말하고 싶은 것은 누구나 내 일처럼 해 주지 않는다는 것이다. 출판사에는 1년 동안 출간하는 수십, 수백 권 중 하나에 불과하지만, 나에게 책은 생애 처음이자 마지막일 수도 있는 소중한 존재다. 출판사는 도움을 주는 존재이지 모든 것을 해 주는 존재가 아니다. 나는 편집, 교정, 홍보 등을 할 때 결국은 내 역할이 대부분이라고 생각했다. 나에게 책임을 지는 선택을 하면 결과에 후회가 남지 않는다.

끝으로 자신의 주변에도 출간 소식을 열심히 알리길 바란다. 지인 몇 명에게 알리는 것이 큰 차이를 만들지 않는다고 생각할 수 있다. 하지만 개인 한 명이 150명을 데려온다는 말이 있다. 현대 사회에서 개인 한 명은 대략 150명과 영향을 주고받는다는 말이다. 찐팬 한 명이 그렇게 중요하다. 엄마, 절친 등이 다른 150명에게 내 책을 소개할지도 모른다. 출간 소식을 불특정 다수에게 알리는 것도 중요하지만 내 주변의 소중한 사람들에게 알리고 추천을 부탁하는 것도 중요하다.

책 출간 후
하면 좋은 것들

책 출간 이후에 작가가 할 수 있는 몇 가지 이벤트가 있다. 사인회, 북콘서트, 원데이클래스 등이 그것이다. 대부분 이미 책을 구매한 독자들을 대상으로 하기에 초기 판매와 직접적으로 연결되지 않을 수도 있다. 하지만 찐팬을 만들고, 내 책을 바이럴하고, 다음에 출간할 책에 긍정적인 영향을 주고, 내가 사용하는 플랫폼으로 사람들을 유입하는 일에 도움이 될 만한 활동들이다.

대표적인 활동으로 사인회를 들 수 있다. 이름이 어느 정도 알려진 작가라면 사인회를 하는 것이 좋다. 이는 보통 출판사와 서점이 함께 기획해서 진행한다. 장소는 주로 대형 서점이다. 나는 사인회를 한 적이 없다. 독자들이 일부러 소중한 시간을 내서 오는데 사인만 하는 것은 뭔가 부족하다고 생각했기 때문이다. 나와 생각이 같다면 사인회가 아닌 강연 중심의 북콘서트 형식이 좋을 것이다. 북콘서트는 종료 후 보통 사인회를 병행한다. 하지만 인지도가 높아 사인받고 싶은 독자가 매우 많을 때는 인원이 한정된 북콘서트보다는 사인회를 하는 것이 합리적인 선택일 것이다.

북콘서트는 내가 가장 선호하는 방법이다. 『부의 통찰』을 출간했을 때는 캐나다에 있어 온라인으로 진행했고(코로나가 유행했던 시기다), 『부를 끌어당기는 글쓰기』를 출간했을 때는 서울에서 북콘서트를 진행했다. 특정 작가의 책이 마음에 들면 작가의 생각을 더 깊이 알고 싶고, 작가를 만나고 싶을 것이다. 북콘서트는 독자의 이런 니즈를 충족시켜 줄 수 있고, 더 나아가 독자가 작가의 찐팬이 될 수 있도록 만든다. 오프라인 북콘서트가 부담된다면 온라인 북콘서트를 하는 것도 좋다.

작가 입장에서는 '이미 책도 냈는데 책을 읽으면 되지, 굳이 북콘서트에 올려고 할까?'라고 생각할지도 모른다. 하지만 정말 얼굴을 보려는 단순한 이유로 오는 독자도 있다. 책 사인을 받기 위해, 좋은 기운을 받기 위해, 질문을 던지기 위해, 소통을 하기 위해, 목소리를 듣기 위해, 그냥 좋아서 등 다양한 이유로 북콘서트에 온다. 작가를 만나면 독자는 작가와 깊은 관계를 맺게 된다. 꽤 많은 독자가 나를 직접 만난 뒤, 그 전보다 더 큰 팬심이 생겼다고 이야기했다.

북콘서트는 이미 내 책을 구매한 사람들을 대상으로 한다. 나는 1쇄를 찍을 때 북콘서트 신청권을 책 속에 넣었다. 그렇기에 이미 책을 구매한 독자를 대상으로 하는 북콘서트는 책 판매에 직접적인 영향을 주지 않는다. 그러나 이들이 주변에 책을 추천할 수도 있고, 내가 향후 출간할 때 구매 및 홍보 등에 큰 힘이 되어 줄 수도 있다. 이렇듯 북콘서트는 작가에게도 독자에게도 매우 좋은 기회다.

조금 더 전문적인 원데이클래스를 진행할 수도 있다. 북콘서트는 아무래도 책의 전반적인 내용이나 독자에게 하고 싶은 작가의 말들로 구성되지만, 원데이클래스는 주제를 더 뾰족하게 잡아서 진행한다. 나의 두 번째 책은 글쓰기를 다룬 책이라서 글쓰기 원데이클래스를 진행했다. 이 행사에서 100여 명이라는 비교적 소수만 초대해서 함께 글을 쓰는 실습 시간을 가졌다. 일반적인 강연이 아닌 소통이 가능한 소수 위주의 원데이클래스도 출간 이후의 중요한 이벤트가 될 수 있다.

책을 출간하면 크고 작은 기업, 유튜브, 출판사 등에서 제의가 들어온다. 나는 강연이나 유튜브 출연 문의 등을 받았다. 규모가 아주 작은 곳도 있고 제법 큰 곳도 있었다. 모든 곳에 다 출연할 수는 없겠지만 어느 정도는 출연하는 것이 좋다고 생각한다. 작가로서 내 인지도가 낮다면 작은 곳부터 출연하려는 마음 자세가 필요하다. 인지도가 높다면 규모가 있는 곳에도 출연이 가능할 것이다. 책을 가장 잘 알릴 수 있는 사람은 작가 본인이며, 그렇기에 작가 본인이 다양한 채널에 출연해서 책을 홍보하려는 자세가 필요하다. 책을 홍보하는 것은 결국 작가 자신을 홍보하는 것이다.

내가 책을 홍보하는 것이지만 한편으로 책은 나를 홍보할 수 있는 도구이기도 하다. 책 출간 후 몇 달은 책이라는 도구를 이용해서 나를 홍보할 수 있는 소중한 시간이다.

I

6장

그들은 어떻게 작가가 되었나

작가가 되는 경로는 다양하다. 누군가는 블로그에 글을 연재하다 작가가 되었고, 누군가는 네이버 카페에 글을 쓰다 작가가 되었다. 누군가는 이미 유튜브에서 팬을 많이 확보하면서 작가가 되었고, 누군가는 책을 많이 출간하여 이름이 알려진 작가가 되었다.

이 장에서 소개하는 작가는 모두 이름이 알려진 유명 작가다. 그들이 작가가 된 과정을 보면서 당신에게 맞는 방법을 찾았으면 좋겠다. 꼭 이렇게 유명한 작가가 되어야 하는 것은 아니지만, 애초에 높은 목표는 당신을 그 근처까지 데려가도록 만들 것이다.

* 일러두기

작가는 가나다 순으로 소개합니다.

김동식

　김동식 작가는 39세로, 30세까지는 가난한 흙수저의 삶을 살았다. 가난한 환경 탓에 중학교 1학년을 중퇴하고 이후 공장에서 일을 하며 어린 시절을 보냈다. 그는 산동네 쪽방에서 엄마, 누나와 함께 살았다. 월세를 내지 못해 쫓겨나기도 하고, 공부에 집중하지 못해 학교에서 혼나는 일도 많았다고 한다. 하지만 그는 지금 대한민국 대표 흙수저 출신 작가, 인터넷이 낳은 작가, 공장 노동자 출신의 베스트셀러 작가가 되었다. 그는 어떻게 가난한 공장 노동자에서 유명한 베스트셀러 작가가 되었을까?

　그는 중학교 1학년 때 학교를 중퇴하고 인쇄소, 건설 현장, 배달일, 바닥 타일 붙이는 일, PC방 아르바이트 등을 하면서 생활 전선에 정면으로 뛰어들었다. 번 돈으로 방세를 내고 가족을 부양하고 남은 돈으로 생활하면서 어려운 삶을 이어 갔다. 그러다 서울에 있는 친척의 소개로 성수동 구두 금속 장식품을 만드는 공장에 들어가 2016년까지 10년 이상 일을 했다.

다행히 공장에서 일하는 삶은 꽤 안정적이었고, 처음으로 여유 시간도 생겼다. 그는 인터넷으로 공포 글을 보는 것을 좋아했는데, 계속 보다 보니 자신도 글을 쓰고 싶었다고 한다. 공장 일이 육체 노동이기 때문에 일을 하면서도 생각하는 시간이 많았는데, 그 시간에 단편 소설을 구상하여 인터넷에 글을 올렸다. 그가 쓴 첫 글에 댓글이 몇 개 달렸는데, 그 댓글이 그의 인생을 바꾸었다. 평생 누군가에게 칭찬받은 적이 없던 그는 칭찬 댓글이 달리자 자신감을 얻었다.

이후 인터넷에 단편 소설을 계속 올리면서 실력도 늘었다. 독자들은 댓글로 칭찬과 함께 개선할 점도 이야기해 주었다. 맞춤법이나 문장 진행 방식 등에 대한 조언은 김동식 작가에게 큰 힘이 되었다고 한다. 댓글을 남긴 사람 중에는 작가나 강사도 있었는데, 그들의 조언을 들으면서 꾸준히 글을 올린 결과 그에게는 의미 있는 수많은 팬이 생겼다.

인터넷에 글을 50편 이상 올렸을 때부터 책을 내자는 제안을 받았다. 비단 책뿐만 아니라 웹툰 등 다양한 제안이 쏟아졌다. 그러다 한 출판사와 계약해서 책 3권을 한꺼번에 출간했다. 기존에 인터넷에 올린 수많은 단편 소설이 있었기에 글을 엮어 책으로 출간하는 것은 그리 어렵지 않았다. 또 이미 인터넷에 팬들이 있었기에 어느 정도 판매도 보장되어 있었을 것이다.

그렇게 『회색 인간』, 『세상에서 가장 약한 요괴』, 『13일의 김남우』라는 단편 소설집 3권을 출간했는데, 놀랍게도 4일 만에 1쇄가 모두 팔렸다. 특히 『회색 인간』은 10만 부 이상 판매되면서 베스트셀러가 되었다. 그의 인터넷 팬들을 중심으로 '이 작가 책은 꼭 사 주어야 한다'는 홍보가 이어졌다고 한다. 책이 성공하자 그는 2016년 공장을 그만두고 전문 작가 및 강연자가 되었다.

베스트셀러 작가로 유명해지자 강연 요청이 많아졌다. 학생들에게 책이 널리 알려지면서 학생들 요청으로 강연자 초청이 이어졌다고 한다. 어려운 생활고로 중학교를 중퇴할 수밖에 없었던 그가 학교에서 학생들에게 강의를 할 수 있게 된 것은 바로 베스트셀러 소설가라는 타이틀 때문일 것이다.

그는 여전히 글쓰기를 하고 있다. 그는 사흘에 한 편씩 글을 쓰는 것을 삶의 규칙으로 삼았다. 처음 글을 썼을 때 정한 자신만의 규칙으로 지금도 그 규칙을 유지하고 있는 것이다. 그는 글쓰기가 제일 즐겁다고 한다. 과거에는 게임을 하는 것이 제일 즐거웠지만, 30세부터는 글을 쓰는 것이 가장 행복함을 알게 되었다. 글쓰기를 진정 좋아하는 사람은 자신의 삶을 스스로 개척할 수 있다.

김동식 작가의 탁월한 점 중 하나는 자신의 경험을 글로 잘 풀어내는 것이다. 『회색 인간』은 땅속에 사는 다른 인류가 지구인을 땅속 세계로 납치한다는 내용이다. 납치된 인간들은 감정을 잃고 살게 되지만 노래를 부르는 여인, 화가 등이 등장하면서 감정을 다시 찾아간다. 김동식 작가는 이 소설을 주물 공장에서 기계처럼 일하던 자신이 소설가가 된 과정과 같다고 설명했다. 그의 현실과 생각을 소설에 그대로 투영해 낸 것이다. 세상에서 가장 강력한 스토리는 작가의 생각과 경험을 담은 것이며, 김동식 작가는 이런 점이 탁월하다.

작가로서의 삶을 살기 위해서는 자신의 경험과 생각을 담는 노력을 해야 한다. 가장 좋은 글은 작가의 생생한 경험이 담겨 있는 것이다. 모든 경험은 의미 있고, 그 경험에 상상력과 교훈, 재미를 더하는 것이 작가의 역할이다.

김동식 작가는 어려운 환경에서 자랐으며, 학교도 제대로 다니지 못한 채 공장 노동자의 삶을 살았다. 하지만 그 환경에서도 그는 새로운 길을 찾았다. 바로 부캐를 만든 것이다. 현실 속 그는 가난한 공장 노동자이지만 인터넷에서는 단편 소설가였다. 부캐를 충분히 키우다 보면 본캐를 능가하는 순간이 온다. 김동식 작가는 자신의 부캐를 충분히 키워서 그 부캐가 자신의 본캐를 능가했고, 이제는 단편 소설가가 본캐가 된 것이다.

나도 마찬가지다. 직장인으로 10년 이상 다니면서 삶에 회의를 느낄 무렵 블로그에 글을 쓰기 시작했고, 이를 통해 내 부캐를 키웠다. 그 부캐가 자라고 자라서 내 본캐를 능가할 무렵 나도 회사를 그만둘 수 있었다. 지금은 블로그를 기반으로 한 베스트셀러 작가가 되었고, 책을 쓰고 강연을 하는 삶을 살고 있다. 나는 부캐를 본캐로 바꾸는 데 3년이 걸렸고, 김동식 작가도 상당한 시간이 필요했을 것이다. 부캐를 키우는 일은 중요하며 그 시기 동안은 자신의 본캐를 계속 유지할 필요가 있다. 나는 새로운 삶을 시작하길 원하는 사람들에게 몇 년간 자신의 부캐를 본업과 병행해서 키우라고 조언한다.

그는 이제 평생 동안 자신이 좋아하는 글쓰기를 하면서 삶을 살아갈 것이다. 자신과 비슷한 처지에 있는 사람들에게 희망과 용기를 주는 일을 할 것이다. 출신과 배경은 그리 중요하지 않다. 누구나 자신의 경험을 글로 풀어낼 수 있다면 김동식 작가처럼 베스트셀러 작가가 될 수 있을 것이다. 그 시작은 당신의 글을 쓰는 것이고, 그 글들을 책으로 엮어서 세상에 선보이는 것이다.

김종원

    나는 김종원 작가를 2년 전 그의 블로그에서 만났다. 매일 글을 두세 개씩 블로그에 올리는데, 잔잔하고 다정하고 배려 깊은 그의 글이 좋았다. 블로그 세상에서 마음을 따뜻하게 해 주는 글을 찾기란 쉽지 않다. 온라인에는 누군가를 비난하고 비판하고 세상과 사람에 분노하는 글이 더 많다. 매일 올라오는 그의 글을 읽으면서 내 마음도 함께 따뜻해졌다.

    김종원 작가를 알면 알수록 놀라운 점이 있다. 보통 작가는 몇 년에 한 권 책을 출간할까 말까 하는데, 그는 매년 4~5권씩 출간하는 것이 아닌가? 그것도 비슷한 주제가 아닌 다른 주제로 말이다. 게

다가 내용의 깊이도 상당하다. 지금은 100권에 가까운 책을 출간했다. 어떻게 그럴 수 있을까? 책 한 권을 출간한 초보 작가로서 그렇게 나는 대선배인 김종원 작가에게 관심을 가지기 시작했다.

처음에는 '책 한 권 한 권의 깊이가 얕겠지'라고 생각했다. 1년에 4~5권씩 출간하는 작가들의 책은 대부분 깊이가 얕고 여기저기에서 짜깁기한 흔적이 많이 보였기 때문이다. 하지만 그의 책은 그렇지 않았다. 그가 출간한 책에는 그의 깊은 생각과 고민한 흔적이 느껴졌고, 웬만한 작가가 수 년간 생각해서 출간했을 만한 깊이가 있었다.

이 원고를 쓰는 2024년 4월 김종원 작가는 자신의 100번째 책인 『인간은 노력하는 한 방황한다』를 출간했다. 100권, 100권이라니. 게다가 그는 이 책을 『김종원의 세계철학전집』 1권으로 소개했다. 그는 세계철학전집을 30권 출간한다고 하니, 앞으로도 많은 책을 출간할 것이다. 그는 매일 글을 쓰는 삶을 살아가는, 삶으로 글을 쓰는 작가다. 그는 고도로 몰입함으로써 매년 수 권씩 출간하는 진짜 작가다.

그가 출간한 책과 블로그 글을 읽으며, 무엇이 그를 이런 다작의 길로 이끌었는지 궁금했다. 수면 시간에 비밀이 있을까? 그럴 수도 있다. 그는 하루에 겨우 3시간 잔다. 그는 매일 글을 쓰고 3시간 자면서도 '내일 아무도 내가 쓴 글을 읽지 않으면 어쩌지?'라는 고민을 한다고 한다. 그 생각이 그를 3시간만 잠들게 하고, 깨어 있는 내내 사색하고 쓰게 만들며, 취미를 가지는 것조차 사치로 느끼게 한다. 그가 3시간을 자면서 하루 종일 글을 쓰는 삶을 살 수 있는 이유는 잠자는 시간까지 아까울 정도로 글을 쓰고 싶기 때문이다. 이런 밀도 높은 하루를 매일 가지는 그는 글이 삶이 되고 삶이 글이 되는 작가다.

독자에게서 에너지를 얻고 있을까? 그럴 수도 있다. 그는 독자와 소통을 활발하게 한다. 그의 인스타그램에는 20만 명 이상의 구독자가 있고, 매일 글을 여러 개 올리며 독자와 소통한다. 2만 명 가까운 구독자를 둔 블로그나 수백 명이 참여하는 카카오톡 단톡방에서 매일 자신의 글과 생각을 나누고 있다. 그의 책은 출간할 때마다 베스트셀러 상단에 오른다. 그의 책이 이렇게 널리 읽히고 사랑받는 것은 글이 좋기도 하고, 평소에 많은 플랫폼을 통해 (예비) 독자들과 소통하고 있기 때문일 것이다.

그런 그도 평범한 직장인 시절이 있었다. 직장을 다니던 김종원 작가는 글을 쓰는 삶을 선택했다. 그는 직장을 다니며 동시에 매년 3권 정도 책을 출간했다. 이를 위해 일과가 끝난 뒤 자신만의 시간을 가졌다. 그는 직장에서 갖는 모임을 거절했으며, 혹여 모임에 참석한다고 해도 빠르게 집에 돌아왔다. 그는 매일 새벽과 저녁, 주말 시간 등 자신에게 허락된 시간들을 사용하여 책을 썼다. 그 시절을 회상하며 이렇게 말한다. "남들과 같은 일상을 보내면서 남들과 다른 것을 만들 수는 없다. 그런 게 있다면, 그건 거짓말이다."

하지만 직장을 다니면서 쓴 책들은 잘 팔리지 않았다. 수년간 그는 여전히 무명 작가였다. 이런 시기가 이어지면 많은 사람이 포기할 것이다. '나는 좋은 작가가 될 수 없겠구나'라고 생각할지도 모른다. 하지만 그는 오히려 잘 다니던 직장을 그만두고 전업 작가의 삶을 살기로 결심한다. 책이 잘 팔리지 않는 것은 시간을 충분히 쓰지 못해서라고 생각해서 직장을 그만두고 일상을 모두 책을 위해 사용하기로 결심한 것이다. 그는 그런 시간과 노력을 독자가 알아줄 것이라고 믿었다.

그런 이유 때문일까? 직장을 그만두고 책만 쓰기 시작한 지 수십 년이 지난 지금도 여전히 어떤 하루도 허투루 보내지 않는다. 매일 3시간만 자면서 글쓰기에 집중하는 것도 직장인 시절 아끼고 아껴서 만든 시간으로 글을 쓰고, 직장을 그만둔 뒤에는 매일 글쓰기에 모든 것을 바친 노력과 헌신이 여전히 남아 있기 때문이리라.

내가 보는 김종원 작가는 성실과 꾸준함의 대명사다. 그는 지난

16년간 괴테가 쓴 책만 읽었다고 한다. 16년간 다른 책은 아예 읽지 않았으며, 괴테가 쓴 책만 365일 반복해서 읽었다. 16년간 괴테의 책을 16권 읽으며 그는 책을 80권 썼다.

그는 책을 쓰는 시간보다 사색을 하는 시간이 더 많다고 했다. 잠을 자는 시간보다 책을 쓰는 시간이 더 길고, 책을 쓰는 시간보다 사색하는 시간이 더 긴 작가. 그런 작가가 바로 김종원 작가인 것이다. 그는 자신이 죽는 날까지 글을 쓸 것이라고 했다. 그런 그는 매일 조금 더 좋은 생각을 하고 좋은 글을 쓰고자 노력한다. 어쩌면 그가 스스로에게 3시간 수면을 허락하고 매일 글을 쓰는 것은 자신은 글을 쓰는 사람이라는 사명감 때문이 아닐까?

글을 쓰는 삶을 살고자 하는 사명감, 매일의 루틴을 이어 가는 성실성과 꾸준함, 독자와 활발한 소통, 100권을 쓰고도 앞으로도 계속 글을 쓰겠다고 하는 목표 의식과 신념이 작가 김종원을 만든 것이다.

드로우앤드류

평범한 30대 청년이었던 그는 『럭키 드로우』라는 베스트셀러 책을 출간했다. 구독자가 70만 명인 유튜브 채널을 운영하며 20만 명이 넘는 인스타그램 팔로워를 보유하고 있다. 그는 올해 3월 세 번째 책인 『프리 웨이』를 출간했다. 그는 불과 5년 전만 해도 우리나라에서는 취업할 자신이 없어 미국으로 건너가 고용 불안과 생계 유지에 힘들어 하던 청년이었다. 그런 그가 지금은 이름 있는 작가이자 사업가가 되었다. 그리고 수많은 대한민국 20~30대 젊은 세대에게 존경받는 사람이다. 그는 어떻게 자신의 운명을 180도 바꿀수 있었을까?

25세에 그는 취업할 자신이 없어 해외 인턴십 프로그램을 신청했다. 그리고 인쇄물 디자이너로 미국에서 인턴 생활을 시작했다. 미국에서 삶은 쉽지 않았다. 인턴이라는 이유로 불합리한 대우를 받았고, 3년간 일한 회사에서는 하루아침에 해고 통지를 받았다. 외국인이라는 이유로 취업 시장에서 경쟁력이 떨어졌다. 설상가상으로 취업 비자가 만료되어 모든 것을 포기하고 한국으로 돌아와야 할 상황에 놓였다.

그는 회사에서 누구보다 최선을 다 했고 인정도 받았다고 한다. 그 결과 시니어 디자이너가 되었고 그가 키운 브랜드들은 회사 성장에 큰 도움이 되고 있었다. 하지만 비자가 불안한 외국인이라는 사실이 그에게 약점이 되었다. 하루아침에 해고를 당한 날, 그는 이런 생각을 했다고 한다. '지금까지 회사 브랜드 가치를 키우려고 노력했지만 정작 나라는 브랜드는 키워 놓지 않았다'고 말이다. 이런 생각은 그의 브랜드 가치 성장에 집중하는 계기가 되었을 것이다.

그는 이렇게 말했다. "내가 설 무대가 없다면 직접 만드는 수밖에." 그는 인스타그램을 자신의 무대로 만들기 시작했다. 돈을 벌어야 했던 그는 캘리그래피 과외를 시작했고 인스타그램에서 자신의 과외를 홍보했다. 그가 하는 수업이 입소문을 타면서 그는 인스타그램에 별도의 계정을 만들고 페이스북 한인 커뮤니티에도 가입해서 적극적으로 캘리그래피 과외를 홍보했다.

인스타그램에서 어느 정도 자리를 잡아 생활비를 벌면서 그는 SNS에 본격적으로 뛰어들게 된다. 자신의 미미한 영향력을 높이려고 유튜브를 시작하기로 결심한 것이다. 채널 이름은 드로우앤드류. 즉, '앤드류를 그리다'는 뜻이다. 그는 미국에서 겪은 자신의 여러 가지 어려운 상황과 해결 방법을 영상으로 만들었다. 또 인스타그램을 성장시킨 노하우도 함께 풀어냈다. 그의 유튜브 구독자는 빠르게 1만 명을 넘어섰다. 이후 그는 퍼스널 브랜딩을 하는 방법과 성공 사례를 소개하는 영상을 올리면서 수십만 명을 거느린 인플루언서가 되었다.

처음 인스타그램을 시작하고 유튜브를 할 때만 해도 그는 회사에 의존할 수밖에 없는 직장인에 불과했다. 하지만 인스타그램과 유튜브를 통해 퍼스널 브랜딩을 하면서 그는 온라인상에서 특별한 존재가 되었다. 드로우앤드류는 하나의 브랜드가 되었고 그에게는 많은 팬과 친구, 팔로워가 생겼다. 이후 각종 강연, 컨설팅, 방송 출연 기회가 찾아왔고, 이제 그의 유튜브는 퍼스널 브랜딩을 해서 알려진 사람들을 초대하여 인터뷰하는 공간이 되었다. 그는 결국 회사를 다니지 않아도 될 만한 수익을 거두면서 자신이 원하는 일을 할 수 있게 되었다.

그의 첫 책인 『럭키 드로우』도 이런 과정에서 세상에 나올 수 있었다. 그는 자신의 경험과 생각을 책에 풀어냈고, 책에서 퍼스널 브랜딩이라는 답을 찾고자 하는 수많은 독자의 사랑을 받았다. 그가 살아온 삶의 궤적은 그 자체가 책 한 권이 되었고, 이 책으로 드로우앤드류를 세상에 더 널리 알릴 수 있었다. 이 책은 평범한 일상 속에서 특별함을 끄집어내어 자신을 브랜드로 만들고 싶어 하는 사람들에게 훌륭한 길잡이가 되어 줄 것이다.

신춘 문예 등 공신력 있는 대회에서 입상해야 작가가 될 수 있는 시대는 이미 지나갔다. 유튜브, 블로그, 인스타그램을 통해 자신을 알린 사람들은 자신의 경험과 생각을 전달함으로써 책을 출간한다. 또 그 책으로 자신을 한 단계 높은 차원으로 브랜딩하는 것은 이제 흔한 일이 되었다.

인플루언서가 되는 것이 먼저일까, 책이 먼저일까? 많은 독자를 이미 확보한 인플루언서가 되면 책을 출간하기 여러모로 좋다. 대단할 필요는 없다. 드로우앤드류도 인스타그램에서 강의를 알리면서 SNS를 시작했다. 거창한 시작을 꿈꾼다면 아무것도 하지 못한다. 누구나 시작은 미약하다. 하지만 그 작은 시작이 결국 거대한 그 무엇을 만드는 것이다. 내 모든 시작도 2019년 12월에 올린 작은 글이다. 그런 내가 지금은 30만 명에 가까운 팔로워를 보유하고 있다.

그는 설 무대가 없으면 직접 무대를 만들면 된다고 이야기한다. 유튜브, 인스타그램, 블로그 등 우리가 활용할 수 있는 무대는 많다. 그는 인스타그램으로 시작했다. 나는 블로그로 시작했다. 누군가는 X로 시작하고, 누군가는 유튜브로 시작한다. 플랫폼을 통해 내 이름을 키우고 알리는 시대가 된 것이다. 심지어 이 무대는 모두 돈이 들지 않는다.

브라운스톤
(우석)

부동산 투자에 관심이 있다면 브라운스톤(우석)이란 이름이 친숙할 것이다. 우석은 2019년 전후로 150만 명이 넘는 '부동산 스터디' 카페에서 최고의 인기를 구가했던 회원이다. 그는 인간의 심리와 역사, 부동산과 주식에 대한 글을 올렸다. 그의 글에는 공감과 댓글이 수백 개씩 달렸다. 누군가는 그의 글에서 위안을 얻고, 누군가는 그의 글에서 인사이트를 얻었다. 수많은 사람을 울고 울리는 그의 필력은 전례를 찾기 힘들었다.

코로나 시절, 나도 그의 글을 읽으며 주식과 부동산을 공부했다. 카페에 그의 글이 하나 올라오면 1~2분 만에 공감과 댓글이 수십,

수백 개 달렸다. 그런 그가 이제는 책을 4권 출간한 베스트셀러 작가이자 출판계에서 가장 핫한 작가가 되었다. 그는 어떤 삶을 살아온 사람일까?

우석은 월세 20만 원짜리 집에서 신혼살림을 시작했다. 잘 살기 위해 직장 생활을 하면서 재테크를 공부하고 부동산 및 주식 투자를 했다. 그리고 종잣돈 500만 원을 10년 만에 총 자산 50억 원으로 만들었다. 아주 큰 돈은 아니었지만 세 식구가 먹고 살기에는 충분하다고 생각한 그는 40대 초반 회사를 그만두고 캐나다로 떠났다. 요즘 기준으로 보면 파이어, 즉 조기 은퇴를 한 것이다.

그는 자신이 바라는 자유를 얻었고, 캐나다 생활은 매일 행복했다고 한다. 매일 아이와 온전하게 시간을 보내며 아침저녁으로 딸아이를 학교에 픽드랍했다. 그 외 시간에는 아내와 즐거운 시간을 보냈다. 그렇게 가족과 행복한 시간을 보낸 그는 딸아이가 성인이 되고 나서부터 여유를 가지고 부동산 스터디 카페에 글을 쓰기 시작한 것으로 보인다. 글을 수백 편 쓴 그는 부동산 스터디 카페에서 가장 유명한 사람이 되었다.

이후 2018년 그는 『부의 본능』을 출간했다. 슈퍼리치가 되는 아홉 가지 방법을 설명한 책으로, 부자가 되기 위해 극복해야 하는 아홉 가지 본능을 이야기한다. 그는 자신이 10년간 투자한 경험을 바탕으로 부자가 되기 위해서는 본능을 이겨야 하는데, 이 아홉 가지 본능을 정리하여 자신의 생각으로 풀어낸 것이다. 부동산 스터디 카페에 올렸던 여러 가지 사례도 함께 정리되어 있다.

2019년에는 『부의 인문학』을 출간했다. 이 책은 지금까지 20만 부 넘게 팔리면서 대형 베스트셀러가 되었다. 그가 부동산 스터디 카페에 올린 글은 주로 시대를 풍미했던 철학자, 사상가의 생각으로 사회 현상을 바라본 뒤 그의 생각을 추가하여 정리한 방식이었다. 『부의 인문학』은 특히 노벨상을 받은 학자들의 생각을 바탕으로 주식, 부동산에서의 올바른 투자 자세를 말하고 있다. 부동산 스터디 카페의 팬덤은 그의 책이 널리 읽히는 것에 큰 도움이 되었다.

이후 그는 『초보자를 위한 투자의 정석』과 『인생투자』를 출간했는데, 이 책들 역시 베스트셀러가 되었다. 이제 그는 책을 출간하면 바로 베스트셀러가 되는 유명 작가가 된 것이다. 그는 팬을 수천 명 아니 수만 명 보유하고 있으며, 지금은 자신의 카페에서 글을 쓰고 거의 매년 책을 출간하는 작가가 되었다.

그가 아무리 투자로 돈을 많이 벌었다고 해도, 그가 아무리 좋은 생각을 하고 있었다고 해도 그 생각을 전달하려면 책이라는 도구가 필요했을 것이다. 그도 네이버 카페에 글을 올리다 보니 이름이 알려져 책을 출간할 수 있었다. 분명한 점은 자신을 알리기 위해서는 책을 쓰는 것이 매우 유용하고, 책을 알리기 위해서는 채널에서 나를 먼저 알려야 한다는 것이다. 다시 언급하지만, 우리는 브랜드가 있는 작가의 책만 팔리는 시대에 살고 있다. 그리고 그 브랜드는 자신의 글을 통해 만들 수 있다.

그는 얼굴이 알려져 있지 않다. 그의 실명도 우리는 알지 못한다. 우리는 그를 부동산 카페와 그의 카페 등에서 만나고, 그의 책에서 만날 수 있을 뿐이다. 얼굴이 없다고 그의 글이 폄하되지는 않는다. 글에는 그의 생생한 경험이 들어 있고, 그의 경험에서 우리는 부자가 되는 방법에 대한 힌트를 얻을 수 있다. 글의 힘은 그런 것이다. 우리는 글로써 생각을 전달하고 팬을 얻을 수 있다. 정말 좋은 글은 수천 년 동안 살아남아 여전히 우리에게 영감을 준다.

우석의 예시를 보면서 이런 생각이 들 수도 있다. '우석 작가처럼 대단한 경험과 지식이 있어야지 글을 쓸 수 있는 것 아닌가?' 나는 그렇지 않다고 생각한다. 물론 남들보다 탁월한 경험과 지식이 있다면 더 빠르게 팬을 모을 수 있을 것이다. 하지만 탁월함은 누구나 가지고 있다. 우리에게는 각자의 경험과 지식이 있다. 각자의 흥미가 있고 취향이 있고 삶이 있다. 누구나 자신이 잘 아는 분야, 좋아

내가 가장 좋아하는 삶은
'삶이 글이 되고, 글이 삶이 되는 것'이다.
내가 살아가면서 생각하고 경험하고 느끼는
모든 것이 나만의 책을 만든다.
그리고 내가 쓰는 글처럼 나는 살아간다.

하는 분야가 있다. 글로 자신의 경험과 지식을 잘 조합해서 세상에 전달한다면 당신도 널리 읽히는 글을 쓸 수 있을 것이다. 모든 글은 가치가 있다는 것, 누군가에게는 당신이 쓴 글이 도움이 되리라는 사실을 잊지 말아야 한다. 그 작은 생각이 위대한 역사의 시작이 될 수 있다.

이슬아

　이슬아 작가는 예스24에서 선정한 '2023년 한국 문학의 미래가 될 젊은 작가' 1위에 뽑혔다. 그녀는 10권 이상을 출간했고 판매 부수는 20만 부가 훌쩍 넘는다. <일간 이슬아>로 글을 발행하는 사업가가 되었고, 자신만의 출판사를 운영한다. 최근에는 드라마 작가에도 도전하고 있다. 사업가, 작가, 출판사 사장, 드라마 작가 등 다양한 직업을 가진 그녀는 어떤 삶을 살았을까?

　이슬아 작가는 일반적인 학교가 아닌 대안학교를 다녔다. '어딘글방'이라는 글방에서 글쓰기 수업을 들었다고 한다. 24세에는 어린 학생들을 대상으로 글쓰기 과외를 했다. 20세에 『페이퍼』라는 잡지에서 에디터 생활을 하면서 기본적인 글 교정법 등을 공부했다.

그러다 프리랜서로 전향하면서 월세, 생활비를 감당하기 힘들어졌는데 이미 학자금 대출도 수천만 원 있었다. 안정적인 직장을 다니는 것이 아니라 프리랜서로 여러 일을 하는 그녀의 수입은 불안정했을 것이다. 이에 편집자들을 찾아다니며 지면을 받아 글을 쓰는 일을 했다고 한다. 그럼에도 형편이 나아지지 않자 <일간 이슬아>라는 구독 서비스를 시작했다. 이때부터 이슬아 작가의 수완이 빛을 발한다.

<일간 이슬아>는 유례 없는 구독제 서비스다. 매일 한 편씩 작가가 독자에게 글을 보내는 서비스로, 한 달 구독료는 1만 원이다. 평일 기준으로 일주일에 5편, 한 달에 20편을 보내 주었다. 글 한 편당 500원인 셈이다. 기존에 작가로서 지명도가 있던 그녀는 꽤 많은 구독자를 모아 안정적인 수익을 얻게 되었다.

안정적인 수익은 작가에게 큰 힘이 된다. 생활을 유지해야 하기에 수익이 안정되지 않는다면 작가는 부업이 될 수밖에 없다. 대부분의 작가가 본업으로 할 만큼 수익을 얻지 못하는 것이 현실이다. 하지만 이슬아 작가는 구독 시스템을 시작하면서 안정적인 수익을

얻음과 동시에 글을 쓰는 일에 몰두할 수 있었다.

　<일간 이슬아>를 하면서 그녀가 얻은 것은 수익만이 아니었을 것이다. 매일 글을 쓰는 일은 압박감으로 작용했을 것이다. 게다가 소액이지만 돈을 받으면서 글을 보내 주는 것이기에 더 높은 수준의 책임감, 부담감을 느꼈을 것이다. 실제로 그녀는 초반에는 수필을 쓰다가 이후 인터뷰, 서평, 소설 등 다양한 글을 써서 독자들에게 보냈다. 구독자들에게 더 좋은 글을 보내 주기 위해 노력하는 것 자체가 작가로서의 역량을 높였을 것이다.

　그녀는 <일간 이슬아>로 브랜드 파워를 높일 수 있었다. 구독자와 관계를 맺는다는 것은 팬을 만드는 것과 같다. 특히 매일 그녀의 글을 기다리고 읽어 주는 사람들은 그녀를 더 좋아하게 되었을 것이다. 책을 한 권 내면 몇 시간 읽고는 작가와 책에 대해서는 잊어버리는 것이 보통이다. 하지만 그녀는 독자들과 매일 호흡하면서 오랜 기간 관계를 맺는 소중한 기회를 만든 것이다.

　<일간 이슬아>는 그녀에게 책을 출간할 수 있는 자료를 제공하기도 했다. 그녀는 <일간 이슬아>에서 쓴 글을 모아 『일간 이슬아 수필집』을 출간했는데 5만 부 이상이 팔릴 정도로 인기가 대단했다. 작가가 온라인 플랫폼에 올리는 글은 향후 책으로 출간할 수 있

는 소중한 자료가 된다. 나도 첫 책은 블로그에 있는 글을 엮어서 비교적 손쉽게 출간할 수 있었다. 작가에게 모든 글은 소중한 자산이 된다.

글을 쓰는 작가의 삶을 살아가는 것은 수많은 가능성을 여는 것과 같다. 구독 서비스로 즉각적인 수익을 창출하는 것도 가능한 시대다. 나는 블로그에서 활동하면서 이런 형태의 사업을 하는 블로거들을 본 적이 있다. 네이버에도 관련 플랫폼이 있고, 포스타입이라는 플랫폼도 있다. 모두 월 구독료를 받고 자신의 글을 보내 주는 것이다.

이름이 알려지지 않았다면 구독자를 모으는 것이 쉽지 않다. 하지만 블로그 활동이나 책 출간으로 어느 정도 팬을 보유하고 있다면 구독 서비스를 시작할 수 있다. 구독 서비스는 작가에게 안정적인 수익을 만들어 주고, 강제로 글쓰기를 하다 보면 글쓰기 능력을 높일 수 있으며, 팬과 더 깊은 관계를 맺는 가교 역할도 해 줄 수 있다.

그녀는 지금 헤엄출판사도 운영한다. 직원은 부모님이다. 그녀는 책 제작을 주로 담당한다. 어머니는 판매, 재고 관리, 서점과 소통, 배송 등을 담당하고, 아버지는 트럭 운전과 회계 등을 담당한다. 그녀의 작가와 사업가로서의 삶이 가족에게 일자리를 제공한 셈이다.

가족 회사를 운영하게 된 그녀는 지금 얼마나 행복한 삶을 보내고 있을까?

그녀는 이런 자신의 경험을 『가녀장의 시대』에 담았는데, 이 책은 조만간 드라마로 제작된다고 한다. 가녀장이란 딸이 중심이 되는 집안으로, 『가녀장의 시대』는 기존 아버지 중심의 가족과는 다른 풍경을 그려 낸 소설이다. 훌륭한 작가는 자신의 경험으로 스토리를 만드는데, 이슬아 작가도 자신의 경험을 책으로 엮었고 나아가 드라마 제작까지 하게 된 것이다.

더 이상 작가라는 정의가 그저 글을 쓰는 사람으로 규정되지 않는다. 글을 통해 다양한 영역으로 뻗어 나갈 수 있다. 이슬아 작가처럼 드라마 작가로도 도전할 수 있고 웹툰으로 영역을 넓히는 작가들도 있다. 온라인 강연도 가능하고 온라인 구독도 가능하다. 글을 기본으로 해서 유튜브를 시작할 수도 있다. 글을 쓰는 사람이 다양한 가능성을 만들어 낼 수 있는 시대, 그런 시대를 우리는 살아가고 있다.

이재형

이재형 작가는 억대 연봉을 받는 대기업 임원의 삶을 40대 중반에 마무리했다. 30대 중반부터 회사를 벗어나도 살아남을 수 있는 『발가벗은 힘』을 쓰겠다고 마음먹고는 꾸준히 자기계발을 해 왔다. 퇴직 후에는 작가로서, 기업 대표로서, 교수로서, 코치로서 살아가고 있다. 그는 대표작인 『발가벗은 힘』을 포함하여 총 7권을 출간했고, 많은 신문과 잡지에 칼럼을 연재하는 칼럼리스트로 살고 있다. 대학과 대학원에서 후학도 양성하고 있다. 그는 어떻게 퇴직 후에도 살아남는 '발가벗은 힘'을 만들었을까?

그는 누구보다 열심히 직장 생활을 하던 사람이었다. 회사에서 인정받아 회사 지원으로 미국 MBA 과정을 밟았고, 40대 초반에 CFO 겸 경영기획총괄이 되는 등 직장인으로서 많은 혜택을 누렸다.

보통 이 정도 위치에 오르면 직장에 더 올인하게 된다. 자신의 위치를 공고히 하고자 사내 정치에 집중하고, 사내 인맥 관리가 인간관계의 전부이며, 누구보다 더 회사 일에 헌신하며 자신의 위치를 유지하거나 높이려고 한다. 내가 회사 생활을 16년간 하면서 본 임원들은 대부분 그런 삶을 이어 갔다. 하지만 그는 그렇게 살지 않았다.

그는 조직 생활을 하면서도 회사와 개인의 생활, 현재와 미래를 구분하여 균형을 유지하면서 살았다고 한다. 회사에서는 철저하게 업무에 집중하고, 퇴근 후와 주말에는 또 다른 삶을 살았다. 회사를 다니면서 책을 4권 쓰고, 신문과 잡지 등에 칼럼을 연재했다. 외부 강의를 하고 코치나 멘토로 활동하면서 경영자, 사업가 등의 변화와 성장을 도왔다.

그런 그도 회사를 그만둘 때는 불안했다고 한다. 세 아이의 아빠로서 현실의 무게를 느꼈기 때문이다. 보통 직장인은 회사를 벗어날 때 할 수 있는 것이 많지 않다. 나이가 들어 경쟁력을 잃어버린 대부분의 직장인이 이직하지 못하고, 이직하더라도 한두 단계 눈을 낮추어야 하는 것이 보통이다. 섣불리 자신이 잘 알지도 못하는 분야의 일에 뛰어들었다가 몇 년 지나지 않아 망하기 일쑤다.

남과 다른 삶을 살았던 그는 퇴직하자마자 강의, 코칭, 자문 의뢰를 받게 된다. 처음 3개월간 수입은 회사에서 받은 3개월치 급여를 훨씬 상회했다. 퇴사 1년 후에는 자신이 진정으로 원하는 일을 자유롭게 하면서 억대 연봉을 버는 전문가로 연착륙했고, 곧이어 찾아온 코로나 팬데믹도 무사히 넘길 수 있었다. 이후 업계에서 CEO·임원 코칭 전문가이자 비즈니스 코치로 인정받고 있다. 퇴사 후 5년이 지난 현재는 법인회사 ㈜비즈니스임팩트를 창업하여 임직원들과 함께 회사를 성장시키는 기쁨을 경험하고 있다. 1년이 조금 넘은 새내기 법인이지만, 어느새 7명의 임직원이 함께 일하고 있다고 한다.

그는 직장인에서 '평생 직업인'의 삶, 경영자의 삶을 살게 되었다고 말한다. 그런 그의 경험은 퇴직을 앞둔 예비 퇴직자나 퇴직자들을 돕는 데 사용되고 있다. 직장을 그만두기 전부터 꾸준히 미래를 준비한 그가 이런 삶을 살게 된 것은 어쩌면 당연할지도 모르겠다.

그는 직장인을 세 종류로 나눈다. 당신은 이 중 어디에 해당하는가?

1. 미래 준비에 관한 생각 없이 회사만 다니는 사람

2. 준비해야 한다고 인지하면서도 그냥 걱정만 하는 사람

3. 미래에 대해 고민하고 적극적으로 준비하는 사람

그는 세 번째 삶을 살았다. 직장인의 삶을 살면서 책을 출간하고 강연하는 등 자신의 브랜드를 높이는 삶을 살았다. 명함에서 회사라는 이름을 지우고 나서도 살아남는 자신만의 명함을 만들었다. 자기 이름 그 자체가 명함이 되는 그런 삶을 만들어 냈다.

회사를 다니다 보면 평생 회사를 다닐 수 있을 것처럼 착각할 때가 많다. 회사 안에서 부장, 임원이 되면 마치 그 타이틀이 자신인 것 같은 착각을 하게 되지만, 이는 말 그대로 착각이다. 회사의 직책은 회사라는 울타리에 있을 때만 잠시 주어지는 것이다. 누구나 퇴직 후에는 자연인으로 돌아가야 한다.

현재 평균 은퇴 나이는 50세가 채 되지 않은데, 이조차도 점점 낮아지고 있다. 회사에서 어떤 일을 했다고 그것이 계속 인정받는 것도 아니다. 대부분 회사에서 하는 일은 회사 내에서만 인정받을 수 있기 때문이다. 그렇기에 우리는 사회에서의 나, 자연인으로서의 나를 준비해야 하는 것이다.

나에게는 블로그를 시작한 것이 최고의 행운이었다. 10년 전 허리디스크 때문에 쓰러져 몇 주를 요양했을 때, 나만의 역량을 갖추지 않으면 생존할 수 없다는 것을 알았다. 그리고 몇 년 후, 나는 블로그에 글을 쓰기 시작했고 블로그에 쓴 글을 모아서 작가가 될 수 있었다. 부아c라는 브랜드를 만들어 냈고 지금은 작가, 강연가, 인플루언서 등의 삶을 살아가고 있다. 회사에서 나를 대체할 수 있는 또 다른 페르소나, 부캐, 또 다른 나 자신을 만들어 낸 것이다.

이재형 작가는 직장인 때부터 미래를 준비했다. 직장을 다니면서 직장인으로 최선을 다하는 동시에 직장을 벗어나서도 생존할 수 있는 역량을 만들어 냈다. 이는 모든 직장인이 본받아야 할 모습이다. 직장을 다닐 수 있는 기간은 앞으로 점점 짧아질 것이고, 회사도 정규직보다는 계약직과 프리랜서를 더 선호한다. 수명이 짧은 계약직, 프리랜서로 고용 형태가 바뀌어 가는 지금, 직장인에게 필요한 것은 무엇보다 '발가벗은 힘'일 것이다.

주언규
(구 신사임당)

2022년 여름, 많은 사람의 이목을 끄는 뉴스가 있었다.

구독자 180만 명을 거느린 유명한 경제 전문 유튜버인 '신사임당(본명 주언규)'이 자신의 채널을 양도했다고 밝혔다.

신사임당은 19일 자신의 인스타그램에 "오늘부로 신사임당 채널에 대한 모든 권한은 채널을 인수하신 분에게 양도했다."며 "그래도 18일까지 출연할 수 있도록 배려해 주어서 진심으로 감사하다."고 글을 올렸다.

출처: "구독자 180만 유튜버 신사임당 돌연 채널 매각", 아시아경제

그는 향후 알려진 대로 디피라는 투자자에게 20억 원에 채널을

양도했다. 당시 신사임당 채널은 한 달에 1억 원이 넘는 수익을 올리고 있었고, 디피는 2년이면 투자금을 모두 회수할 수 있다고 판단해서 채널을 인수한 것이다. 유튜브 채널이 판매 대상이 될 수 있다는 사실은 많은 사람에게 신선한 충격으로 다가왔다. 한 달에 1억 원이 넘는 수익을 올리는 채널을 20억 원에 판 것에 놀라워하는 사람들도 있었고, 공감하는 사람들도 있었다.

당시 주언규는 신사임당 채널을 2년 만에 구독자 수 100만 이상으로 키워 냈고, 판매 당시에는 180만 구독자가 있었다. 그는 유튜브로 한 달에 1억 원 가까운 광고 수익을 거두고 있었다. 공중파에 출연하여 한 달에 3억 원 이상(다른 수익 합계) 번다고 밝히기도 했다. 유튜브가 1년에 10억 원 이상을 벌어 준다면 그런 유튜브를 20억 원에 사는 것도 결코 무리는 아닐 것이다. 바야흐로 개인 채널도 거액에 사고 팔 수 있는 그런 시대가 된 것이다.

자신의 채널을 180만 명까지 성장시켜 20억 원에 판매한 주언규는 대단한 마케터, 사업가임에 틀림없다. 다양한 분야에서 사업을 진행하는 30대인 그는 이미 상당한 자산을 가진 부자가 되었다. 성공한 유튜버, 성공한 사업가 주언규는 어떤 삶을 살아왔을까? 그는 과연 우리와 다른 특별한 사람일까?

그는 20대에 반지하 단칸방에서 살며 월 160만 원을 받는 평범한 직장인이었다. 그는 한 경제 방송사에서 메인 PD로 일했다. 누구보다 열심히 일했지만 동료들은 그를 곱게 보지 않았다. 주언규가 열심히 일한 만큼 자신들에게 더 많은 일이 돌아온다고 생각한 동료들은 그에게 폭언을 퍼붓기도 했다고 한다. 그에게 중요한 것은 월급이었다. 200만 원이 안 되는 월급을 받던 그는 매달 100만 원씩 저축하며 20만 원으로 삶을 꾸렸다. 그는 자신이 평생 20만 원짜리 인생에서 벗어나지 못할 것이라는 생각에 공포를 느꼈다.

그는 평생 이렇게 월급쟁이로 남을 수 없다는 생각에 부자가 되기로 마음먹었다. 부자가 되기 위해서는 사업을 해야 한다고 생각하고는 회사 생활을 하면서 동시에 사업을 시작했다. 그의 첫 사업은 렌털 스튜디오였다. 자신이 모은 4,000만 원과 동업자가 모은 4,000만 원을 합쳐 자본금 8,000만 원으로 사업을 시작했다. 그는 열정적으로 일했다. 낮에는 회사에서 일하고 밤에는 렌털 스튜디오에서 일하면서 틈틈이 회사 화장실에서 쪽잠을 자는 일도 많았다고 한다. 하지만 그렇게 잠을 줄여 가며 시작한 사업은 잘되지 않았다. 월세로 400만 원을 지출하는데 고객이 없어 매달 400만 원 이상의 적자가 났다. 심지어 동업자가 사업을 포기하면서 졸지에 4,000만 원의 빚까지 생겼다.

그는 살아남아야 했다. 살아남기 위해 치열하게 마케팅을 공부했다. 그러다 그는 마케팅 전문가를 만나면서 키워드 마케팅에 눈을 뜨게 되었다. 이후 마지막이라는 심정으로 키워드 수십만 개를 만들어서 렌털 스튜디오를 홍보하여 결국 렌털 스튜디오를 성공시켰다. 당시 스튜디오는 예약이 꽉 차서 대관이 힘들 정도였다고 한다. 그는 스튜디오를 3호점까지 확장시켰다. 이후 온라인 쇼핑몰도 창업하여 성공시켰다. 이런 성공의 경험들을 담은 재테크, 자기계발 채널 신사임당까지 시작하며 성공의 선순환을 만들기 시작했다.

그는 자신의 성공 경험을 엮어 『킵 고잉』이라는 책을 출간했다. 이후 그는 두 번째 책인 『슈퍼노멀』을 출간했다. 가난한 월세집 직장인에서 많은 자산을 가진 사업가이자 인플루언서로 성장한 그의 생각과 노하우가 그를 베스트셀러 작가로 만든 것이다. 유튜브 등으로 다진 높은 인지도는 그의 책을 널리 읽히게 만들었다.

자기계발은 주요한 책 카테고리 중 하나다. 자기계발은 성공한 사람의 성공 스토리가 담겨 있다. 나는 자기계발서의 가치를 믿는다. 특히 자신과 비슷한 환경에 놓인 사람이 자신이 목표하는 곳으로 간 이야기는 어디에서도 살 수 없는 귀한 가치를 제공한다. 자기계발서는 자신의 이름을 알리고 싶은 작가에게도, 그런 삶을 살고 싶지만 방법을 모르는 사람에게도 유용한 분야인 셈이다.

『백만장자 메신저』라는 책을 보면 메신저, 즉 인플루언서가 되는 세 가지 방법이 나오는데 그중 가장 대표적인 것이 바로 성취 기반 메신저다. 어떤 분야에서 성취를 한 사람은 그 성취를 남에게 알리면서 메신저가 된다는 것이다. 우리 주변에서 가장 흔하게 볼 수 있는 메신저, 즉 인플루언서 형태다. 주언규는 성취 기반 메신저의 대표적인 예시다.

생각해 보자. 어떤 분야에서 성공을 거둔 사람은 책을 쓸 수 있는가? 당연히 그러하다. 꼭 돈이 아니라도 한 분야에서 성공을 거둔 사람의 생각과 노하우는 충분히 가치가 있다. 우리는 대부분 성공을 원하고 성공 노하우는 성공의 속도를 가속화하는 교과서 역할을 하기 때문이다. 당신도 그런 교과서를 집필할 수 있다. 그러기 위해서는 우선 자신만의 성공을 만들어야 할 것이다.

자신만의 성공을 너무 거창하게 생각할 필요는 없다. 주언규나 우석은 큰 성공을 거둔 분들이다. 하지만 누구나 큰 성공을 거두는 것은 아니며, 경제적인 성공은 성공의 일부일 뿐임을 명심해야 한다. 행복하게 사는 것, 건강하게 사는 것, 좋은 교육을 받는 것 등도 모두 중요한 성공의 한 형태다. 누구나 다양한 분야에서 다양한 성공을 거둘 수 있다.

특히 내 이야기가 누군가에게 도움이 될 수 있음을 명심하자. 우리는 일상에서도 크고 작은 성공을 경험한다. 학교에서도 크고 작은 성공을 경험한다. 가정에서도 크고 작은 성공을 경험한다. 당신은 살면서 이미 수없이 많은 성공과 실패를 경험했다. 자신만의 성공과 실패를 기억하고 기록하고 정리할 수 있다면, 누구나 작가가 될 수 있다.

내가 지금까지 언급한 작가들을 너무 대단하게 생각하지 않았으면 좋겠다. '아무나 하는 것은 아니야. 이 사람들은 특별한 사람들이야.'라고 생각하지 않았으면 좋겠다. 나는 당신이 누군가의 현재를 보기 전에 그의 시작을 보는 사람이었으면 좋겠다. 앞서 언급한 모든 작가는 우리와 별반 다르지 않은 평범한 사람이었다. 내가 소개한 분은 모두 처음 한 줄이 있었고, 무명 시절이 있었다. 그들은 단지 작지만 위대한 시작을 했고, 그 시작을 여러 번 반복했을 뿐이다. 당신도 충분히 갈 수 있는 길이다.

일단 작게라도 시작하길 바란다. 누구나 살면서 다양한 경험을 한다. 당신의 성공과 실패는 누군가에게 도움이 될 수 있다. 누군가는 그런 기록을 블로그 등의 소셜미디어 공간에 쌓아 왔고, 나도 블로그와 X 등에 쌓아 왔다.

당신이 쌓은 기록은 당신에게 원고와 응원을 선물할 것이고, 원고와 응원은 책으로 탄생할 것이다. 그리고 그 책은 세상에 당신의 이름과 생각을 알릴 것이다. 어떤 작가나 그렇듯이, 모든 책의 탄생에는 작가의 작지만 위대한 한 줄이 있었다.

에필로그

올해 초, 『부를 끌어당기는 글쓰기』를 쓰면서 이미 이 책을 구상했습니다. 자신의 영향력을 높이는 것이 중요한 시대, 그 과정에서 자신의 책을 쓰는 것은 반드시 필요한 단계라는 신념을 가지고 있었습니다. 그래서 평범한 사람도 책을 쓸 수 있는 방법을 알려 주는 책을 쓰고 싶었습니다. 그것은 필자에게 어떤 의무감처럼 느껴졌습니다.

필자는 자신에게 자주 이렇게 질문합니다. '누구나 할 수 있을까?', '누구나 책을 내거나 누구나 SNS에서 수만, 수십만 인플루언서가 될 수 있을까?' 그런데 필자는 여전히 지극히 평범한 사람이라고 생각합니다. 그럼에도 아직 시작하지 않은 사람이나 이제 막 시작한 사람에게는 대단한 사람처럼 보일 수 있음을 잘 알고 있습니다. 팬들을 만나 사인을 하거나 감사 인사를 받을 때 마치 연예인을 대하는 듯한 시선을 느낄 때가 많기 때문입니다.

필자가 스스로를 대단한 사람으로 인식하지 않는다는 것은 이런 의미입니다. 자전거를 못 타는 사람은 자전거를 타는 사람이 대단해 보이지만, 자전거를 탈 수 있게 되면 더 이상 자전거를 타는 것을 대단하게 느끼지 않습니다. 이는 운전도 마찬가지고, 심지어 비행기 운전이나 우주선 운전으로 목표를 바꾸어도 마찬가지입니다. 즉, 내가 해 보지 않은 것은 대단해 보이지만, 내가 해 보았거나 그것을 성취하고 나면 이제는 그것을 하는 것이 당연해 보이는 것입니다.

필자는 올해 여러 모임에서 글을 쓰는 사람들을 만났습니다. 블로그, X, 인스타그램에서 새로운 사람들을 만나기도 하고, 필자가 운영하는 강의를 통해서 여러 수강생을 만나기도 했습니다. 그중 대부분이 살면서 거의 글을 쓰지 않았고 SNS를 운영해 보지도 않았지만, 필자에게 영향을 받아 온라인 인플루언서의 삶을 시작했습니다. 그리고 그중에서 일부는 이미 팔로워를 수천 명 혹은 수만 명 지닌 인플루언서가 되었으며, 전자책 혹은 종이책을 출간하거나 출간을 앞두고 있습니다. 출판사와 계약을 했고 곧 책을 출간한다는 이야기도 자주 전해 듣는데, 필자도 같은 마음으로 기뻐하고 있습니다.

　정말 멋진 것은 그런 삶을 살기 시작한 사람들은 이제 과거로 돌아가지 못한다는 것입니다. 글쓰기로 자신을 브랜딩한 멋진 경험을 한 사람은 이제 글을 중심으로 하는 삶을 살게 됩니다. 책을 한 번도 쓰지 않은 사람은 많지만 책을 한 권만 쓰는 사람은 정말 드뭅니다. 책을 쓴 사람은 이제 과거와는 전혀 다른 삶을 살아가게 될 것입니다. 책을 쓰는 작가가 된 사람은 앞으로도 평생 책을 쓰는 삶을 살아가게 될 것입니다.

　혹자는 이렇게 이야기합니다. 누구나 책을 내니 수준이 떨어졌다고. 아무나 책을 내는 시대가 되었다고. 필자가 첫 책을 낸 뒤 누군가 서평 혹은 댓글로 이런 비난의 글을 남기기도 했습니다. 그래서 필자는 이 주제를 깊이 있게 생각해 보았습니다. 그러다 필자가 낸 결론은 이렇습니다. 이는 틀린 이야기가 아니라고 말입니다. 정말로 누구나 책을 낼 수 있는 시대가 되었습니다. 하지만 그것은 오히려 내가 책을 쓰지 않을 이유가 아니라 책을 써야 할 이유가 될 것입니다. 말 그대로 누구나 책을 쓸 수 있는 시대가 아닙니까?

　당신도 책을 내십시오. 그 책이 좋은 책인지 아닌지는 출판사가, 독자가 판단해 줄 것입니다. 설령 부족한 책이면 어떻습니까? 모든 사람은 처음이 있고, 처음부터 아주 잘할 수는 없는 법입니다. 아무나 책을 쓸 수 있다는 불평과 비난을 할 시간에 책을 씁시다. 누군가는 그렇게 불평과 비난의 자리를 차지하고 있을 것이고, 당신은 작가의 자리를 차지하며 조금씩 성장해 나갈 것입니다. 그럼에도 영광의 자리는 행동하는 사람에게 허락되는 것입니다.

자, 여기까지 읽은 당신에게 작은 선물을 하나 하겠습니다. 당신을 행동으로 옮기게 만든 필자의 마지막 퍼즐입니다. 당신이 출판사를 통해 책을 내게 된다면, 그 책이 당신의 첫 책이라면, 그 글의 내용이 필자가 가진 신념에 맞는다면 당신이 출간할 책의 추천사를 써 주겠습니다. 여기에서 필자가 가진 신념이란 '책은 세상을 이롭게 해야 한다'는 것입니다. 그렇기에 세상을 이롭게 하는 책이라면 얼마든지 추천사를 쓰겠다는 말입니다.

처음 작가가 되면 추천사를 받아야 하는데, 누구에게 어떻게 받아야 할지 고민이 될 것입니다. 필자도 그랬습니다. 그러니 필자가 쓴 추천사가 도움이 될 것 같으면 필자에게 요청하십시오. 필자 이메일로 요청하면 됩니다. 이 책을 여기까지 읽었다면 당신에게는 그럴 만한 자격이 있고, 필자에게는 그렇게 해야 할 의무가 있습니다. 필자는 당신의 시작을 응원하고 싶습니다. 누군가의 시작을 응원하는 것은 너무도 뜻깊은 일이기 때문입니다.

여기까지 읽었는데도 여전히 책을 쓸 생각이 들지 않는다면, 이 책을 그저 교양으로 읽었다면, 이 책을 처음부터 다시 읽어 보면 좋겠습니다. 이 책을 두 번 읽었는데도 책을 쓸 용기가 나지 않거나 방법을 모르겠다면 전작인 『부를 끌어당기는 글쓰기』를 읽어 보면 도움이 될 것입니다.

그럼에도 막막하다면 일단 블로그를 열어서 어떤 글이든 쓰기 시작합시다. 매일 씁시다. 많이 쓰지 않아도 좋습니다. 매일 한 줄, 두 줄이라도 씁시다. 쓰기 싫으면 쓰기 싫다는 글이라도 씁시다. 쓰다 보면 영감이 당신을 찾아올 것입니다. 사실은 어딘가에 글을 쓰는 순간, 당신은 이미 작가가 된 것입니다.

글을 쓰는 것은 정말 즐거운 일입니다. 필자는 글을 쓰는 매일매일이 즐겁습니다. 글을 쓰는 삶을 살고 있기 때문에 앞으로의 삶도 즐거울 것 같습니다. 이제 필자는 당신의 글을 기다리겠습니다. 이제 필자는 당신의 책을 기다리겠습니다. 당신의 글과 책을 즐거운 마음으로 기다리겠습니다. 필자의 글을 쓰면서 기다리고 있겠습니다.

각자의 정상에서 만납시다.
저슷두잇.

6장 참고 문헌

✦

강원국, 『강원국의 인생 공부』, 디플롯

드로우앤드류, 『럭키 드로우』, 다산북스

브라운스톤(우석), 『부의 인문학』, 오픈마인드

이재형, 『발가벗은 힘』, 파지트

주언규, 『슈퍼노멀』, 웅진지식하우스

김종원, 네이버 블로그 '작가 김종원입니다.'
✦ https://blog.naver.com/yytommy/223420172849
✦ https://blog.naver.com/yytommy/222612466036
✦ https://blog.naver.com/yytommy/222056490179
✦ https://blog.naver.com/yytommy/223412375011

"통찰에서 시작된 글, 글에서 탄생한 책"

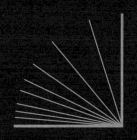

2022년, 2023년, 2024년······.

3년에 걸친 글쓰기 여정이 드디어 마무리되었습니다. 『부의 통찰』부터 『부를 끌어당기는 글쓰기』 그리고 이번 신간 『마흔, 이제는 책을 쓸 시간』까지 부아c의 도서 3부작을 사랑해 주신 독자 여러분께 진심으로 감사드립니다. 이어서, 이 책으로 처음 부아c를 접하신 독자분들께 각 책의 내용을 소개해 드리려고 합니다.

1부작 _____ 『부의 통찰』

이 책은 먼저 독자들의 사고방식을 전환시킵니다. 이때, 성공하는 사람들의 사고 패턴을 분석하여 부를 창출하는 기본 원리를 깨우칠 수 있도록 돕습니다. 깨우침은 곧 실천적인 행동으로 이어집니다. 예를 들면, 내 가치를 회사가 아닌 세상에 알려 근로 소득 외의 추가 소득을 버는 것이죠.

2부작 _____ 『부를 끌어당기는 글쓰기』

이 책은 '글쓰기' 하나로 회사에 다닐 때보다 더 많은 돈을 벌게 된 방법을 소개합니다. 지금은 나의 생각과 가치를 세상에 전달하는 만큼 성공할 수 있는 시대입니다. 이 책을 읽으면 내 경험과 이야기를 담은 글이 어떻게 부와 기회를 끌어당길 수 있는지 알게 됩니다.

3부작 _____ 『마흔, 이제는 책을 쓸 시간』

이 책은 그동안 쌓아 온 통찰과 글쓰기 실력을 바탕으로 책 한 권을 완성하는 방법을 안내합니다. 어떻게 작가가 되었고 이 과정에서 무엇을 느꼈으며, 작가가 되는 삶이 얼마나 행복한지 담겨 있습니다. 더불어, 책을 출간할 수 있는 프로세스를 알려 주고 있습니다.